教職1年目の働き方大全

教師の働き方研究会 編

初めて教壇に立つ前に
必ず知っておきたいことを,
先輩教師陣が
まるごと伝授いたします!

明治図書

誌上座談会

教師として働くということ

川邉あい華 × 松尾英明 × 尾形美海

千葉県袖ケ浦市立長浦小学校
教職６年目。

千葉大学教育学部附属小学校
教職18年目。

東京都北区立谷端小学校
教職６年目。

松尾英明先生と、松尾先生の初任時のクラスの教え子であり、現在は教師として活躍されている、尾形美海先生・川邉あい華先生に、お話を伺いました。

子どもの成長を肌で感じる

——最近は、「働き方改革」が叫ばれていて、学校教員という仕事はブラックだという声をよく聞きますが、それ以上に魅力もあると思います。ずばり、教師の魅力とは何でしょうか。

松尾　教師の仕事の一番の魅力は、子どもの成長を肌で実感できることです。赤ん坊が立つ瞬間に立ち会えた喜びというのはよく言われますが、教師にはそれが日常です。子どもたちの「できた!」「見て見て!」が日常に溢れています。感動の多い職業だと言えます。

学校の日常は、変化に溢れています。子どもは、一見意味のわからない発言や、意味不明な動きをします（笑）。そこから学ぶ。毎日が発見の連続です。

また、感謝されることも多いです。保護者にはもちろん、時には、卒業して何年も経った教え子から、感謝の手紙をいただくこともあります。

そして何より、教え子が教師になって再会できた瞬間は、至福です。魅力を挙げたらキリがありません。大変な面も確かにありますが、それでもなりたい人が多いのは、それ以上に魅力が多いからこそでしょう。

川邉　私も、一番の魅力は子どもの成長を一番身近に感じることができることだと思います。できなかったことが練習することでできるようになったり、友達に手を差し伸べて成長したりと子どもたちは日々変わっていきます。また、時にはぶつかったり、気持ちがすれ違ったりもしますが、一緒にたくさんの行事を乗り越えることで、さらにそこから共に成長できます。

私はまだ、5年ほどの経験しかありませんが、様々な経験をさせていただきました。教員免許は保健体育ですが、音楽主任を務めさせていただいたことで、合唱指導をしました。子どもたちに自信をもって指導するために指導書や合唱曲集、指揮のレッスンにも通いました。正直お金はかかってしまいましたが、それ以上に価値のある経験でした。子どもの成長だけでなく、自分自身も高めることができる魅力があると思います。

尾形　私も、子どもたちの成長を一番近くで見られることだと思います。わかりやすいのは、泳ぐことが苦手だった子が25m泳ぎ切った瞬間などに立ち合えることです。そのときの驚いたようなうれしそうな顔は忘れられません。一生懸命に何かに取り組む子どもたちの姿は本当にすてきで、同じ空間にいさせてもらえてよかったなと思います。

時間を生み出す難しさ

——逆に魅力や理想とは違い、ギャップを感じたことはありましたか。それをどのように乗り越えましたか。

松尾　初任のときは、理想と現実のギャップに戸惑いました。「毎日笑顔溢れる、魅力ある学級にするんだ！」と誓って飛び込んだ先には、「そもそも学級経営とは何かがわからない」「授業が下手すぎる」とい

う現実が待っていました。先輩の先生たちが全員仕事を悠々と終えて早々に帰る中、毎日授業準備やら何やらで夜の10時まで残業。ウシガエルが不気味に鳴く中を、一人家路につく日々でした。
　また、子どもには「こうすればこうなる！」的なハウツーがほとんど通用しない。若い時分には、そこがかなり厳しかったですね。

川邉　私の中で教師は子どもとの時間を大切にし、いろいろなものを一緒につくり上げていくものだと思っていました。しかし実際には、休み時間は授業準備でほぼ遊べず、放課後グラウンドで遊ぼうと思っても、はてしない事務作業でまったく時間はつくれません。夜遅くまで仕事をし、時には休日出勤することもありました。理想とはまったく違い、いらだちを感じることもありました。
　乗り越えられた……とは言えませんが、とにかく自分のできる範囲で頑張っています。教員はやればやるほど終わりのない仕事です。ですので、「今、自分の力でできること」を目安にしています。後悔しても何も変わりません。表現が難しいのですが、「時には、諦めも肝心」と自分に言い聞かせています。

尾形　授業の準備をする時間よりも校務分掌、都や区からの調査の回答などにかける時間が多いことと、自分が子どもだったときよりも行事の準備に使える時間が少なくなっていることにギャップを感じました。なかなか、教材研究などの授業の準備の時間が確保できませんでした。
　いまだにギャップを乗り越えたとは言えませんが、仕事に慣れてきてようやく時間配分や力の入れ方の加減ができるようになってきました。自分でどこに力を入れるのか、いつのタイミングで力を入れるのかを決められるようになると、自分の理想と現実とのバランスがとれるのかなと思っています。

前のめりに学ぶ姿勢をもって

――本書は新卒で初めて教壇に立つ方も、手に取って下さると思います。1年目のときは、まず何からはじめればよいでしょうか。

松尾　まず本書を読んだ上で、とにかく残業です（笑）。若いときはいいんです。体力も時間もあるから。ここで基礎体力をつけておくと、後で必ず役に立ちます。初任の頃から、ノー残業で優雅な教師ライフ、みたいな幻想は捨ててよろしいかと。本書に書いてあることを、愚直に、ひたすら試してみる。その上で、仕事のコツというか、勘どころがつかめてくると思います。

子どもとともに全力で学ぶんだという謙虚で前のめりな姿勢。これこそが、最も必要なことかと思います。

川邉　私は、まずは先輩の先生方にたくさん質問することから始めたらいいと思います。新卒でも、子どもの前に立ったら全員同じ先生です。たくさんの先生方の技術や知識をいただいて少しでも力をつけられたらラッキーですよね！

…なんて言っていますが、自分はできていないんですけどね。「忙しいかな」「聞くの怖いな」なんて考えてしまいます。そんなときは年の近い先輩に聞いてみて下さい。先生方ってとっても優しいですよ！

尾形　まずはたくさんの本を読むといいと思います。そして、目標となる先生の授業を見せていただいたり、逆に見ていただいたりするといいと思います。見られるのは緊張してしまいますが、ぜひチャレンジしてみて下さい。

基本を知ること　一人で抱え込まないこと

——ちなみに、教職1年目のとき「これは知っておきたかった…」ということはありますか。できれば、公開できる範囲で失敗談も交えてお話しいただけるとありがたいです（笑）。

松尾　失敗談から話すと、これは初任校での算数の授業研のとき（つまり、尾形先生と川邉先生の担任の頃）なんですが、参観してくれた先生方に、それはもう滅茶苦茶、ボコボコに言われましたね。授業の基礎がまったくなっていないと。

それまで、自分の授業がそこまで

のひどさとは思っていなかったのです。学級づくりや授業についての基本的な技術を知っておきたかったです。もう明治図書版は絶版ですが、苦しい中で『授業の腕をあげる法則』（向山洋一著）を読んで、実践的な原則を学びました。「簡明の法則」とか「一時に一事の原則」とか。辛い思いがあってこそ、勉強したと言えるかもしれません。

尾形　1年目で知っておけばよかったなと思うことはたくさんありますが、逆に知らなかったからこそ、自分なりにいろいろ試せてよかったなと今は思えます。

強いて言うならば、全部自分でしようとするのではなく、子どもに任せていいものはどんどん任せていくということです。ただ、子どもたちに任せるためには、こちらが授業や行事、子どもたちの成長の見通しをもって計画を立てておくことが必要です。

1年目は、自分でいろいろとやろうとして退勤が12時過ぎになってしまったことも……。終電を逃してしまうといけないので、自分の自転車を学校に置いていました。

失敗はたくさんありますが、辛過ぎてどんどん忘れていくことにしていました……。

川邉　学校の常識について知りたかったですね。いざ社会人ってなると、必要なものってたくさんありますよね。スーツ・礼服・鞄等……。初任が1年生の担任だったので、すぐに入学式がありました。入学式って明るいワンピースを担任は着ることが多いのですが、まったく知らなくて！　前日夜、閉店ぎりぎりに買いに行きました。教えてもらうものではないですが、知っておきたかったです……。とても恥ずかしかったですし、とても焦りました。（笑）

得意分野を生かそう

――これからは、ワークライフバランスを意識して、働き方も考えなければならないと思います。先生方が「働き方」で意識されているポイントを教えて下さい。

尾形　1つめは、自分の仕事を①今すぐやるもの。②気が向いたらやるもの。③ちょこちょこやるもの。に分けることです。仕事を溜め込んで後悔するタイプなので、気をつけています。

2つめは、得意な分野は頑張るということです。私は、提案書の作成や行事の進行予定時刻を立てること等が好きではありません。他の方が手伝って下さいます。その分、別のことで役に立てるよう頑張ります。

みんなが少しでも効率的に働けたらなと思っています。お互いに気持ちよく働けると、早く退勤してもあまり後ろめたい気持ちにならなくなります。

松尾　尾形先生と同じで、自分の得意分野で貢献することに全力を注ぎます。逆に、得意でないことや、気が乗らないことはまったくやらない（笑）。自分の場合だと、授業研の立候補や新しい企画のリーダー役など、創造性を発揮するタイプの仕事は積極的に引き受けます。

一方で、ものづくりみたいなものは本当に苦手で、完全に仲間に頼ります。子どもに対しても同じで、私の学級では子どもができることは私は手を出さず、すべて子どもがやります。何でも気が利いてお世話してくれるよりも、いい意味で「いい加減」な教師や親のもとの方が、子どもが伸びますから。それが働き方の最大のポイントですかね。

川邉　「持ち帰り仕事」は絶対にやらないと決めています。家は家族との大切な場所です。「仕事やらなきゃ」と不安になりながら夕飯なんて嫌ですよね。

ですので、朝はなるべく早くに出勤して自分の仕事を終わらせるようにしています。あとは大好きな剣道をやってストレス発散してることですかね！

憧れに近づくために

——先生方は、これからご自身のキャリアアップはどのように考えられていますか。目標とする教師像などがあれば、教えて下さい。

松尾　私の師匠の野口芳宏先生（元千葉大学附属小学校教諭）のように、教育の本質を常に考える教師を目指して日々精進しています。メルマガを日々発行しているのもその修行の一環です。キャリアアップではないですが、やりたいことはあります。今も一部できてはいますが、ゆくゆくは将来を担う若手の育成に携わりたいですね。

尾形　授業がうまい先生、教材研究がすばらしい先生、おもしろい先生、きめ細やかな指導の先生、常に全力で子どもたちと関わっている先生。幸運なことに、たくさんのすてきな先生にお会いすることができました。

キャリアプランをしっかりと立てなければいけない時期だと言われることが増えましたが、なかなか先のことまでは考えられていません。ただ、これからも子どもたちと関わり続けていきたいと思っています。

そのためにも、自分の授業力や生活指導の方法、教材研究の仕方等、もっと考えて改善していかなければいけないなと思います。大学生の頃、憧れた先生と同じようにはできませんが、自分なりに子どもの前に立ち続けても恥ずかしくない教師でいたいと思っています。

川邉　6年目に突入してしまったので、初心は忘れずに、でも若手の先生方の力になれるような指導力をつけていきたいです。また、合唱指導を任せていただいたこともあったので、その指導にも力を入れていきたいとも考えています。器用ではないので、とにかく焦らず自分のペースで頑張りたいです！

――最後に松尾先生から、若手の先生へのメッセージをお願いします。

松尾　技術的な基本は学びつつ、自分らしく、教師を志したときの理想をもって、この仕事を子どもと一緒に楽しんでくれたらいいと思います。

Contents

話し方・言葉遣い

授業づくり

学級づくり

学校行事

子どもとのコミュニケーション

同僚とのコミュニケーション

保護者とのコミュニケーション

文書・メールの作成

タイムマネジメント

時短・効率化

ライフプラン

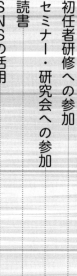

教師としての心構え

倫理観をもち、自律する

子どもは教師の言動を真似します。教師が善悪の判断の軸をもち、中庸なものの捉え方をすることで、指導が響くようになります。この積み重ねが、温かい雰囲気の学級づくりにつながります。さらに教師の自律も大切です。自律とは、自分の気ままを抑えて倫理的な行動をとることです。これは、職場・保護者・子どもとの人間関係を良好にします。倫理観と自律は経済産業省の定義する「人生100年時代の社会人基礎力」の土台であるとも言え、すべての社会人に共通しています。

情熱をもつ

子どもをよりよく育てるという情熱をもちましょう。情熱が、教師としての仕事に対する責任感とやる気につながり、主体的に教師が学ぶ原動力にもなります。やる気がない教師を子どもたちは見破ります。教師は、ライフステージが進むと情熱を保つことが難しい場面が出てきます。燃え尽きてしまわないために、自分にとって快適な仕事のバランスを見つけていきます。教室での学びは、教師と子どもとの二人三脚。子どもとともに学び続ける気持ちを失ってはいけません。

相談・感謝・謙虚

1年目は、周りの教師に対して何を聞いていいかもわからない状態で、子どもに指導せざるを得ない場面があります。周りの教師は、助けてあげたくてもあなたの困り感に気がついていないこともありますので、自分から「何をしていいかわからないので、教えて下さい」と周りの教師に助けを求める相談をしましょう。解決後、「ありがとうございました」と一声添えることが、周りの教師から愛され助けてもらえるようになるコツです。常に謙虚さをもつことが大切です。

「人生100年時代」の教師の心構え

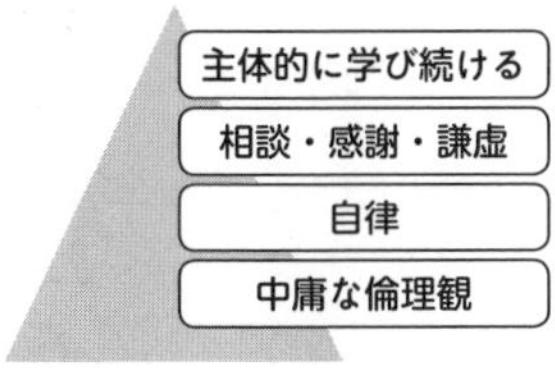

65－70歳まで働く基礎づくりは，上記のピラミッドを常に意識することから始まります。

自分にとって快適な ワークライフバランスを見つけよう

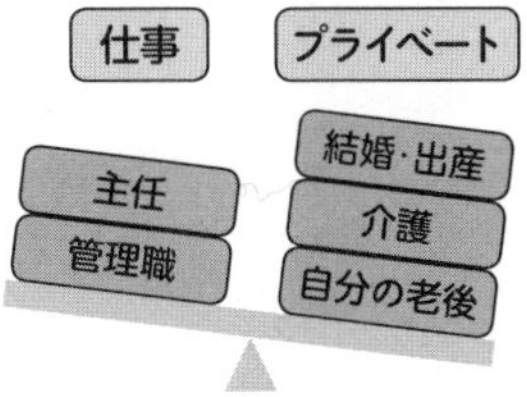

ライフステージが進むと，バランスも大切になります。人生を選択しながら，自分にとって快適なバランスを探しましょう。

Check Point

☑中庸な倫理観をもつ！

白黒はっきりつけるのではなく，子ども，保護者，同僚の気持ちを考えて行動しているかを振り返ります。

☑自律する！

自分のわがままを子ども，保護者，同僚に押しつけていないかを振り返ります。

☑教えて下さいと言う！

わからないことは聞きます。相談・感謝・謙虚はセット。

☑主体的に学び続ける！

子ども，同僚，本，研修会等を活用して自ら常に学び続けましょう。

働き方の「心得」

心構えは，行動に表れます。行動は，結果につながることを意識しましょう。教師の心構えは，学級経営の成功と密接に関わります。他者に優しく接する姿勢を教師は率先して行動で示しましょう。子どもも真似をするようになります。例えば，教師がハサミを探しているとします。サッと何人もの子どもの手が挙がり，「先生，私のハサミを使って下さい」と声がかかります。「ありがとう」と先生が応えます。思いやりのある応答の好循環が生まれます。これが，温かい雰囲気の学級経営につながります。これは100年どころか一生不変の学級経営のコツです。

（村上　仁志）

勤務校へ行くまでの準備

仕事を均一にする段取り

教師の仕事は段取りがすべてです。段取りは、自分でコントロールできる仕事の調整法です。段取りを組み事前に仕事をこなすことで、繁忙期である勤務初日からいい流れで仕事をこなすことができます。このように事前に手立てを打つことを、プロアクティブといいます。合格発表後から勤務校が決まったこのプロアクティブ期までに、できる仕事をこなしましょう。プロアクティブ期に、事前準備を行い仕事の弾みをつけ、円滑な教師人生の一歩を踏み出しましょう。

買い物で段取りに弾みを

簡単にできることをこなすことで、段取りに弾みがつきます。買い物でモノが揃うとそれだけで仕事の見通しがついてきます。買い物リストを左ページに示します。さらに、一年間の流れや段取りがわかる教育書をたくさん購入します。本は友達といいます。本を買うと、誰にも聞けない眠れない夜に寄り添ってくれることでしょう。本書と併せて拙著（小学校学級担任のダンドリ仕事術）を読まれると理解が深まり、挨拶・印刷物・校外学習の準備も簡単に完成しますよ。

勤務先の情報収集

勤務先が決まれば、情報収集を行います。まず、インターネットで学校名を検索します。学校の沿革、児童数を確認します。大体児童数を240（6学年×40人学級の概算）で割ると概ねの学級数と学年団の先生の人数がわかります。一般的に、校務負担が少ないのは学級数が多い学校です。交通機関・経路・周辺地図も調べます。調べ物であっても、職場内でスマホを触ると周囲の印象が悪くなることがあります。このため、調べた結果を印刷してノートに貼るといいでしょう。

プロアクティブ期はスモールステップで仕事を先取り

プロアクティブ期は，心と時間に余裕がある時期です。先手必勝。

村上 仁志『小学校学級担任のダンドリ仕事術』（学研プラス，2019）

本は迷ったら必ず買いましょう。教育書は買いそびれると新学期には売り切れで入手困難になります。「あの本があれば」と始業式以降に後悔することは，想像以上に辛いものです。

Check Point

☑仕事を先取り！

長時間労働の解消にもつながり，子どもと過ごす時間が増えます。

☑買い物から段取りスタート！

・ノート，筆記用具，メモ帳，印鑑，マイナンバーカード
・職場のロッカーに置くセット（笛，消臭剤，タオル等）
・スーツ，ジャージ，ハンカチ，ティッシュ，ロッカー用吊り下げ棚等
・ノート提出などに使うクリアケースを８セット程度
・子どもが喜ぶスタンプ，シール，（パペット，手品グッズ）

働き方の「心得」

複数の教育書を購入しましょう。プロアクティブ期に本書のような教師の仕事の全体像が示されている本を多数読み，仕事のイメージをもちます。本に載っているアイデアのうち，できることから取り組みます。準備物が部屋に増え，ノートのページが埋まるごとに，こなした仕事量が一目瞭然になり，自信につながります。簡単な仕事に先取的に取り組む姿勢も身につきます。このように赴任前から段取りをもって仕事をしてきたあなたを，周りの教師は「やる気がある」と好ましく見ることでしょう。最高の第一印象を職場の皆さんに与えることができますね。

（村上　仁志）

始業式までの準備

学年主任の意向が最優先

人事発表（4月初旬が多い）から始業式の前日までを私はプラチナ期と呼んでいます。プラチナ期は、担当学年や学年の教師が決まる時期です。学年・学級の仕事を具体的にこなす時期でもあります。学年主任は学級経営経験を積まれています。学年主任の段取りを聞いて自身の参考にしましょう。

相談順は、学年主任→同僚→教務主任→教頭がよいでしょう。「新学期に役立ちそうな本や道具はどのようなものでしょう?」と聞いておくとお宝情報が出てくることもありますよ。

学級仕事も同時にこなそう

プラチナ期にあなたが担任に決定した場合は、学級経営の仕事をこなします。担任外に決定したときは、授業時間割の調整と教材研究を進めます。自分だけで進めることができる学級担任の仕事を左ページに示します。

先輩の先生に相談できないこともあります。そのようなときは、本をもとに仕事をこなします。学年の仕事を率先して行い、コミュニケーションを円滑にします。特に学年の仕事をしながら学級の仕事につながる仕事を優先することを意識しましょう。

多様な情報収集をしよう

プラチナ期では、学生時代や他職とは違った日々を過ごすことになります。何を聞いていいかわからないまま過ごすこともあります。まずは学年主任の指導を第一とします。並行して今何ができるかに気づくためには、多様な情報収集が大切です。教師の実態・本音やその時期に取り組む季節性の仕事については、教師のブログが参考になります。しかし、ブログは、本とは異なり編集者不在で信憑性には注意が必要です。一つの考え方と捉えて、書いていることを鵜呑みにしないことです。

プラチナ期は聞く順番も大切

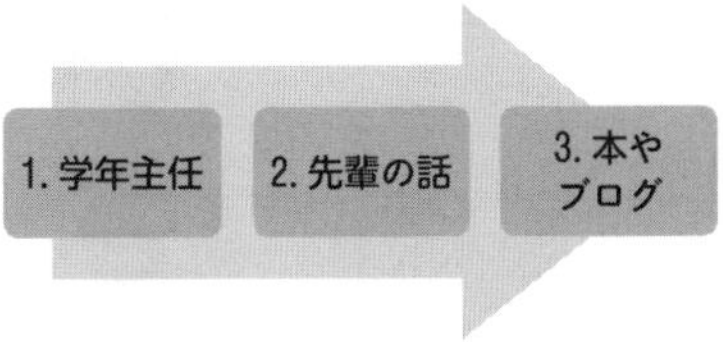

一番お世話になるのは学年主任です。この順番だと，学年主任は信頼されていると感じます。

学年にも学級にも役立つ仕事を率先して引き受けよう

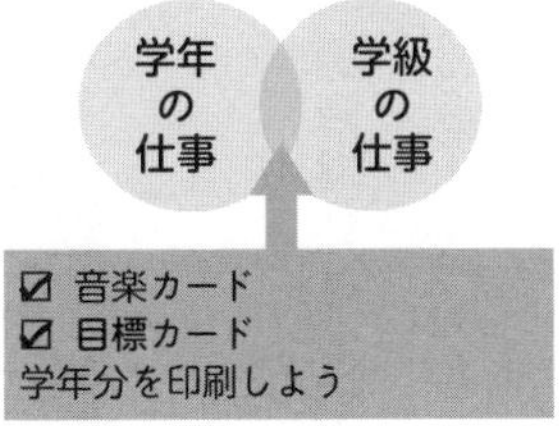

学年の教師が使い自分も使うものは，学年で確認してから率先して学年分印刷しましょう。

Check Point

☑仕事を先取り！

・学年の仕事の割り振り
・校外学習の割り振り
・ドリル
・児童用教科書の分配
・配慮児童の支援方法
・子どもの名前（ふりがな）
・アレルギー確認
・座席表作成（視力等配慮）
・机，イスの確認
・発表用の名札作成

☑担任外の先生の段取り！

・学年で調整して時間割作成
・過去の写真で子どもの顔を暗記
・教材印刷
・空き時間の入り込み確認

働き方の「心得」

プラチナ期は，学年が決まり子どもとの出会いに胸を躍らせる楽しい時期です。同時に，職場の人間関係の配慮が大切です。まず，学年主任に聞くクセをつけましょう。ただ，「何を聞いていいかもわからない状態」だと聞きようがありません。教育書やブログをもとに聞くことを明確にします。初任者は空回りしてしまうこともあります。学年主任が多忙で聞くことができないときは，本を片手に，学年の先生→同僚の順に質問して取り組みましょう。まずは職場での信頼関係を築いて，周りから助けてもらえる教師になりましょう。１年の見通しがグッと明るくなりますよ。

（村上　仁志）

あいさつ・立ち居振る舞い

あいさつは相手の目を見て

これはあいさつに限りませんが、話すときは相手の目を見ましょう。相手の目を見て、会釈をしたり、あいさつと言葉を交わしたりします。

皆さんの中には、相手の目を見て話すのが苦手、という方もいるでしょう。そんなときは、眼球そのものを見るのではなく、相手の眉毛や黒目の下の瞼等、ちょっとずらして見ることを勧めます。目の周辺の「パーツ」を見て、緊張を逸らすのです。相手は目を合わせてくれた、と思うでしょう。

お辞儀には3段階ある

お辞儀には、大きく分けて、会釈・敬礼・最敬礼の3つがあります。

①　会釈…廊下等ですれ違うなど、軽くあいさつするとき。十五度の礼。

②　敬礼…丁寧に挨拶するとき。三十度の礼。腰を折って曲げる。背中が丸まらないように気をつける。

③　最敬礼…感謝の気持ちを表すため、深々とお礼をしたり、心を込めて謝罪するときなど。先にお礼や謝罪の言葉を述べ、その後お辞儀をする（＝「分離礼」）。

指し示しはスマートに

「こちらをご覧下さい」「あちらにあるのは…」などと黒板の掲示物、子どもの作品、校庭の遊具等、子どもや保護者に指し示す場面は多々あります。まず、手の平は、相手の方に向けましょう。その際、指は揃えましょう。

なお人差し指で指し示すのは縁起が悪いとも、失礼とも言われています。教科書の文字など、小さい箇所を指し示す場合も、指の腹を上にして指し示すと印象が柔らかくなるので、試してみるとよいでしょう。

あいさつのキーアイテム！名刺のマナー

・「○○さんですね。頂戴します」と言って名刺は両手で受け取る。
・目下である自分から先に渡す。相手の名刺を上の位置でもらい，自分の名刺を下の位置で渡す。
・名刺の渡し方は，慣れるまで実際に練習してみる。
・「相手の前で，その名刺を直接机の上に置く」「ボールペン等で名刺に何かを書き込む」「すぐにしまう」等はNG。名刺入れやハンカチ，手ぬぐい等の上に置き，大切に扱っていることをアピールする。

Check Point

☑子どもを呼び捨てにしない！

「○○さん」のように，さんづけが基本です。

☑子どもへのあいさつを省略しない！

子どもたちが「おはようございます」とあいさつしてきたら，「おはよう」とだけ言って，「ございます」を省かないように気をつけましょう。

☑名刺は「分身」！

社会人として，名刺の渡し方・受け取り方は身につけておきたいものです。名刺を使う機会のある・なしに関わらず，名刺を作成しましょう。

働き方の「心得」

あいさつの意義は，ここでは説明しません。社会人として，あいさつがなぜ大切なのか，自分なりにすぐ答えられるようにしましょう。子どもから聞かれてもいいように，理由をいくつか考えておくことが大切です。

自分から進んであいさつをしましょう。子どもの中には，あいさつを返さない子もいます。しかし，意味がないことはありません。繰り返すうちに，子どももあいさつをするようになるでしょう。

相手の目を見ながらはもちろんですが，子どもを呼び捨てにしない，子どもへのあいさつを省略しないことも大切です。

（鈴木　夏來）

普段の身だしなみ

学校は公共の場

普段の学校生活は、特別な日ではありません。したがって、自宅においてパジャマ姿や下着姿で食事を摂るように、子どもたちの前でもラフな格好で授業に臨んでもよいと考えるべきでしょうか。

答えは否、です。学校は自宅ではありません。公共の場です。子どもたちの前に立つのですから、パジャマ姿や下着姿で授業に臨まないように、日常であっても、最低限の身だしなみを整えたいものです。

社会人として「否」となる例

× パジャマ、下着
× 部屋着に見えるような服装
× ノースリーブ
× ショートパンツ
× ゴム草履、サンダル　等

これらは、保護者から厳しいクレームをもらったり、管理職から指摘を受けたりしやすい事例です。私たちには人それぞれ違いがあり、その違いは尊重されるべきでしょう。しかし、教師として、皆さんが尊重されたいと願うのであれば、まずは一社会人としての身だしなみに気を遣うべきです。

機能面から「否」となる例

× かかとのない靴（緊急時に脱げてしまう）
× ヒールの高い靴（緊急時に走れない）
× 長すぎるネックレス（引っかかりやすい）
× チェーン、鎖（引っかかりやすい）
× ゴツゴツした指輪（ケガのもと）

緊急時に子どもたちを守るため、また、日ごろから事故やケガを防ぐためにも、機能性の高い身だしなみを心がけることも大切です。

学校における
ハレ（非日常）とケ（日常）

学校におけるハレ　（例）

入学式・卒業式，始業式・修了式，運動会，芸術発表会，学習発表会，遠足，社会見学，授業参観，研究授業，キャンプ，修学旅行等

学校におけるケ　（例）

行事のない日，イベントのない日，雨天中止の日，予定表の行事欄が「空白」の日，日々の授業等

Check Point

☑身だしなみで不信感を与えるのはもったいない！

身だしなみのことで保護者から不信感を抱かれたり，子どもから怖がられたりすれば，その対応に追われ，学級経営が難しくなります。それは皆さんにとって，もったいないことです。

☑服装のことで指摘を受けても，反発するのは避ける！

自分の正当性を保護者や管理職に主張し，一切曲げずに押し通すのは，時間と労力の無駄になります。

働き方の「心得」

「ハレとケ」という考え方から身だしなみについて，一緒に考えてみましょう。それは，民俗学者の柳田國男が見出した考え方です。

ハレ　非日常。一生に数回しかない，人生の折り目・節目のこと。祭礼や年中行事等。語源は「晴れ」。晴れの日，晴れの場。

ケ　　日常。普段の生活のこと。ハレの対にあたる。ケの日，ケの場。

ケの日，日常の身だしなみこそが，皆さんを形づくります。いつもジャージ姿で登校する先生を子どもはよく知っています。「いつでもピシッとしている」子どもたちから見て，そんな先生でありたいものです。

（鈴木　夏來）

行事の身だしなみ

入学式・卒業式

学校にとって入学式・卒業式は最もフォーマルな身だしなみが必要であることは、想像に難くないでしょう。では、フォーマルな格好とは、どんな格好でしょうか。男性・女性でも異なりますし、地域や文化によっても異なるのではないかと思います。

しかし、一つ共通して言えることは、結婚式の主役の二人よりも目立つ格好をしてはいけない、という点ではないでしょうか。例えば真っ赤なスーツやドレスを身にまとっては、主役のカップルに失礼になります。

運動会・スポーツ大会

体育的行事である運動会・スポーツ大会は、動きやすい服装となる場合がほとんどでしょう。次の点には注意が必要です。

× 周囲を不快にさせたり、誤解を与えたりするおそれのあるイラストやロゴの入ったTシャツ等

△ 出身高校・大学名や、部活・クラブ・サークル名の入ったTシャツ、ユニフォーム、ジャージ等

教職員で揃えたTシャツなのであれば、管理職の目も入っていますから、安心でしょう。

発表会・校外学習等

学芸的行事の発表会の主役は子ども。担任は黒子に徹する場合がほとんどだと思います。スポットライトが間違って当たっても目立たないように、黒のスラックス、セーター、黒の内履き等で身を包むのがベストです。

校外学習は安全が第一。子どもの命を守ることが最優先です。したがって、視認性の高い、目立つ身だしなみが重要です。担任教師は「旗」の役割をします。子どもたちが、遠くからでもわかること、人混みに紛れても峻別できることが肝要です。

再確認！
注意が必要な身だしなみ

・芸術発表会・学習発表会は黒子に徹する。
× 明るい色や目立つ色の服装
○ 黒い服装，会場背景に擬態した色
・校外学習は視認性の高い，目立つ身だしなみにする。
○ 蛍光色の入ったジャージ・帽子・運動靴
○ 黄色，ピンク，赤などひときわ目立つジャンパー，帽子，パンツ等

Check Point

☑入学式・卒業式で次のような身だしなみは避ける！

× 半袖・半ズボン，ミニスカート，Tシャツ等
× ジャンパー，ダウンジャケット，手袋，ニット帽等
× ジャージ，作業着，運動靴等
△ あまりに派手な服装
△ 草履・サンダル，蛍光色のスニーカー

☑イメージが湧かないときには，過去の資料を参考に！

迷ったときには，過去のアルバムや記録写真データ等を参考にするのも１つの手です。イメージできるでしょう。

働き方の「心得」

入学式・卒業式の場合，主役はそれぞれ新１年生と卒業生。それに次ぐのは，新１年生担任や６年生担任となるのでしょうか。したがって，入学式に新１年生担任よりも目立つ華やかな格好をするのは避けるべきですし，卒業式で６年生担任を差し置いて羽織袴姿となると問題があるでしょう。会場が寒いときは，どうすべきでしょうか。この場合，防寒機能の高い下着を重ねる，スーツから見えないようなチョッキ型のジャンパーをスーツの下に着るなど工夫できるはずです。ちなみに私は，冬場になると保温性の高いシャツ，股引，靴下を２枚重ね着しています。

（鈴木　夏來）

来客・電話応対

最も大切なのは「切り分け」

教職1年目の来客対応で大切なのは、「切り分け」だと思います。切り分けとは、端的に言えば、お客様ならばお通しし、そうでなければ通さない、ということです。警備員・ガードマンとしての役割です。丁寧かどうか、正しい敬語が使えているかどうかといった社会人のマナーは二の次でしょう。何か変だな、おかしいなと思ったら、自分自身のその感覚を大切にしましょう。よくわからなければ、よくわからないままとし、待ってもらって、管理職につなぐことが大切です。

実際につなぐ場合

来客や電話応対で、実際につなぐ場合にはどうすればよいでしょうか。「教諭の○○ですね。かしこまりました。少々お待ち下さい」と言って、その後、皆さんならどうしますか?

× 居場所もわからないのに、校舎内を探しに行き、来客者を何分も待たせてしまう。電話を何分も保留にし、長時間待たせてしまう。

○ 「あいにく、職員室には不在のようです。いかがしましょうか?」などと言って、相手の判断を仰ぐ。またかける、戻ってきたらかけ直す等。

年休等で不在の場合

主に電話応対となりますが、年休等で不在の場合、理由を言う必要はありません。原則として、職員室にいるか、いないかだけ答えればよいのです。

「教諭の○○は午後から年休ですが……」「研修で○○へ出張に行って、その後、懇親会に出席する予定です……」等、身内の話について、保護者等に説明する必要はありません。

「教諭の○○は、不在です」とだけ伝え、理由を聞かれたら「不在の理由については、申し訳ないのですが、お答えできかねます」でOKです。

オフィスの例で考える不審者の確認方法

皆さんが一般の企業に勤めていたと想定して下さい。オフィスにどういうわけか，明らかに不審そうに見える人が入ってきました。「おい，社長を出せ！」「社長に用があるんだ。会わせろ」と言われたら，皆さんはどうしますか？「はい，かしこまりました。少々お待ち下さい。社長，社長！　お客様です」…とはなりませんよね。

□　どういった人か
□　用件は何か
□　誰に用があるのか

を最低でも確認する必要がありそうです。

不審者であればまず警察に連絡し，管理職を含めチームで対応するはずです。お客様か不審者か。見た目の印象，あいさつを返すかどうか，名札を提げているか，名刺を持っているか等ポイントはいくつかあります。

Check Point

☑営業電話の場合は，次のように切り分ける！

「申し訳ありませんが，教頭は不在です。取り込み中ですので，失礼します」などと言って電話を切ります。

☑明らかなクレームと思われる電話の場合は，次のように切り分ける！

「教諭の○○にご用ですか？○○ですね。失礼ですが，どういったご用でしょうか？」「申し訳ありません。教諭の○○は，あいにく，席を外しておりまして…」
などと職員室の他の教師に内容がわかるように復唱するなどします。

働き方の「心得」

電話応対は，官公庁でたとえるなら電話交換手，大手企業なら電話オペレーターの役割をします。担任や校長を出せという明らかなクレーム電話を，そのままつなぐ必要はありません。物件や融資の営業電話を教頭につなぐ必要もありません。時には社会的な「ウソ」をつくことも，社会人としては必要なスキルです。切り分けができるようになることは，営業電話や理不尽なクレームから教職員を守ることにつながるので，管理職・同僚から感謝されるようになります。「習うより慣れろ」というように，敬語についても使い慣れてくるので，一石二鳥です。

（鈴木　夏來）

好印象を与える話し方

公的話法で話す

公的話法とは、野口芳宏先生が提唱されている話し方の名称です。

公的な場で話す際には、
・常よりも大きく
・常よりもゆっくり
・常よりもはっきり
話すということです。

普段話しているよりも、大きく、ゆっくり、はっきり話すことを意識して話をすれば、相手によりよく伝わります。声が小さかったり早口だったり、滑舌が悪かったりして、相手に聞き返されるようではよくありません。

わかりやすく話す

公的話法で話すことで、何を言っているのかが相手によりよく伝わったとしても、話の意味がわかりにくいのでは「言語明瞭、意味不明」ということになってしまいます。

聞いていて、意味がわかりやすいように話すことも大切です。

そのためには、
・結論から先に話す
・全体を先に話し、次に詳細を話す
・なるべく短い文で話す
・実物や図を用いて話す
等を意識します。

クセ無く話す

「無くて七癖」という言葉があるように、誰にでもクセはあるものです。話をする際にもクセが出てしまうことがあります。

例えば、話す前に「えー」と言ったり、「うん」と無意識に相槌を打ったり、語尾がいつもはっきりしなかったりします。

こういうクセは、一度や二度ならそれほど気にはなりませんが、何度も繰り返されると気になるものです。このようなクセには早めに気づいて、無くすように心がけましょう。

子どもたちのお手本になりたい言葉遣い

①元気なあいさつ

②はきはきとした返事

③大きな声でゆっくり話す

Check Point

☑15秒でいいので，自分の話を録音して聞く！

わずかの時間ですが，自分が「大きく」「ゆっくり」「はっきり」話しているかをチェックしてみましょう。

☑結論から先に，全体を先に話すことを意識する！

子どもの怪我を伝えるときなど，「お子さんが足首を捻挫してしまいました」と言ってから状況を話すようにすると，よく伝わります。

☑「えー」は心の中で！

話し始めの「えー」が抜けない人は，「えー」を心の中で言ってから話しましょう。

働き方の「心得」

話し方にはその人の人となりが表れます。声の高さと話すスピードを変えるだけで，話し手の印象が変わるとも言われます。

例えば，高い声で速く話すと，元気で明るい印象になり，同じ高い声でもゆっくり話すと，優しくて大らかな印象になります。また，低い声で速く話すと，仕事の能力が高い印象になり，低い声でもゆっくり話すと，落ち着いた人という印象になります。

こんなふうに，話し方ひとつで相手への印象は変わりますので，よい話し方を普段から心がけておくとよいでしょう。

（山中　伸之）

子どもへの言葉遣い

丁寧語が基本

子どもへの言葉遣いの基本は、丁寧語で話すということです。特に授業中は丁寧語を意識します。丁寧語は、語尾が「です・ます・あります・ございます」などになる言い方です。

このうち「あります・ございます」などはあまり使いません。「です・ます」を使います。

また、低学年の子どもに話す場合は「お話・おうち」などのように、接頭語の「お・御」を使うこともありますが、高学年ではあまり使わない方がよいでしょう。

時にはくだけてもいい

子どもへの言葉遣いは丁寧語が基本ですが、丁寧語で話していると、どこかよそよそしい感じがするものです。

それは悪いわけではありませんが、時には丁寧語を使わずに話して、子どもたちとの距離感を縮めてみてもよいでしょう。特に、低学年の子どもたちには、そのような場を設けてみましょう。

ただし、いつでもくだけた言い方になってしまうのはよくありません。時と場に応じて、言葉遣いを上手に使い分けるとよいでしょう。

最も影響する言語環境

担任教師は、子どもたちの言葉遣いに最も影響を与える言語環境です。

担任教師の言葉遣いが不適切ならば、子どもたちの言葉遣いも適切さを欠くものになっていきます。反対に、担任教師の言葉遣いが美しければ、それは子どもたちに少しずつ浸透していくでしょう。

担任教師の言葉遣いが、子どもたちの言葉遣いに最も強く影響を与えるということを、いつでも意識しておくことが必要です。自分で自分の言葉遣いを常にチェックしたいものです。

気をつけたい話し方のクセ

①視線を合わせない

②意味のないほほえみ

③髪の毛を何度もさわる

Check Point

☑自分で自分の言葉遣いをチェックする！

まずは自己チェックです。子どもたちに話しているときの言葉遣いを振り返ってみましょう。

☑子どもたちの言葉遣いをチェックする！

次に，子どもたちの言葉遣いをチェックしてみましょう。子どもの言葉遣いは教師の言葉遣いの鏡です。

☑使い分けができているかチェックする！

時と場と場合に応じた言葉遣いになっているかもチェックしてみましょう。くだけすぎていませんか。

働き方の「心得」

子どもに対する言葉遣いは，ともするとぞんざいになってしまいがちです。相手が子どもだからという意識もあり，子どもたちがフレンドリーに接してくれるからでもあります。

以前は，教師が多少ぞんざいな言葉を遣っても，子どもたちをとりまく社会がそれを許容していました。しかし，今は少し様子が違います。子どもたちを１人の人間として尊重するという考えから，子どもたちへのぞんざいな物言いが，保護者の怒りを買うこともあります。

基本は丁寧語で話すということを頭に入れておきましょう。

（山中　伸之）

保護者への言葉遣い

敬語で丁寧に

保護者には敬語で丁寧に話します。そのために、尊敬語や謙譲語がある程度使えるよう、普段から心がけておく必要があります。基本的な敬語であるいらっしゃる、参る、ご覧になる、拝見する、召し上がる、いただく、お持ちになる、お持ちするなどの使い方に慣れておきましょう。

普段から心がけておかないと、急には言葉が出てきません。間違った敬語を遣って、信頼が低下してしまわないとも限りません。上司や先輩との会話などで慣れておきましょう。

「うん」は言わない

教師と保護者とが直接会話をしていたり、電話で話していたりするのを聞いていると、教師の方が「うん、うん」「うん、そう」という相槌をうつことがあります。特に女性同士の場合によく聞かれます。

お互いに親近感をもって話しているうちに、自然とそうなってくるのでしょうが、これはベテランの教師だからできることです。軽はずみに真似をしてはいけません。

「うん」という相槌、返事は禁句と思っておきましょう。

専門用語は使わない

学校では様々な専門用語が使われます。その職場でずっと過ごしていると、いつの間にかそれが当たり前になってしまい、特別だという意識が薄らいでしまうことがあります。それで、保護者にもつい専門用語で話してしまうことがありますが、これは気をつけておかなければなりません。保護者に正しく伝わりませんし、気配りのない先生だと思われるかもしれないからです。

専門用語や難解な言葉は使わず、誰にでもよくわかる言葉を使うよう、心がけましょう。

つい使ってしまいがちな学校関係の専門用語

日常生活で
・○校時
・業間，○○タイム
・職員朝会，職員打合せ
・オープンスペース，○○室
・遊具，○○広場　等

授業で
・板書，背面黒板，指示棒
・筆順，空書き，指書き
・発問，指示，挙手
・ディベート，調べ学習，ALT
・位取り板，水書板　等

教育活動で
・外国語活動，○○小タイム
・キャリア教育，生きる力
・プログラミング教育，教育課程
・コミュニティ・スクール
・確かな学力，TT　等

Check Point

☑正しい敬語の知識を身につけておく！

相手の動作には尊敬語，自分の動作には謙譲語を用います。尊敬語と謙譲語が反対になるのは大変失礼です。

☑相槌は「はい」に一言添える！

「はい」という相槌だけしていると，相手はちゃんと聞いているか不安になります。「そうですね」「わかりました」等，一言添えましょう。

☑やさしすぎてもNG！

言葉はやさしすぎてもよくありません。ばかにされていると思われます。

働き方の「心得」

以前，自分の子どもの担任教師が「うん」という相槌をうつのを快く思わない保護者の方がいました。親近感はありますが，ぞんざいな言葉だからです。

「うん」という相槌に親近感を覚え，子どもの担任教師との距離感が縮まって，関係がうまくいく場合もありますし，その反対の場合もあります。諸刃の剣ですね。

相手に不快感を抱かれる可能性のある言葉遣いは，あえてしないようにした方が安心です。

（山中　伸之）

先輩教師・管理職への言葉遣い

簡潔に話す

職員室で管理職や先輩教師に話す場合というのは、何かを報告したり質問したりする場合がほとんどでしょう。報告や質問をする際には、簡潔に話すということを意識しましょう。

そのためには、ある程度の漢語や熟語の語彙を豊かにしておかなければなりません。「A君がいつも決まった時間になると勝手に出歩きます」というのも「A君が日常的に離席します」と言えば簡潔です。

短い言葉でズバリと伝えられるよう、言葉を選びましょう。

文末まではっきり

日本語の特徴として、文末決定性があります。文末決定性とは、「今日は打合せがあります」「今日は打合せがありません」のように、肝心なことは文末まで聞かないとわからない、文末が決定しているということです。

ですから、文末まではっきりと相手に伝えることが大事です。文末が聞きとれなくて、相手に聞き返されないよう注意しましょう。

文末まではっきりと述べることで、言葉にも力が入り、相手によい印象を与えることにもなります。

不適切な言葉に注意

若い人がよく遣う言葉は、遣わないようにします。例えば、

「私的には、こちらがおすすめです」
「これでよろしかったでしょうか」
「一応、終わりました」
「これがその文書になります」
「超いいですね」「全然いいです」

などです。

他にも、謝るときの「ごめんなさい」労うときの「ご苦労様でした」なども不適切と言われます。

上司に対する言葉遣いは、ビジネス書で一度確認しておきましょう。

気をつけたい言葉とその言い換え

了解です／わかりました
↓
かしこまりました／承知しました

ごめんなさい／すみません
↓
申し訳ありません／恐れ入ります

わかりましたか
↓
ご理解いただけたでしょうか

なるほど／ほほう
↓
おっしゃる通りです

どうしますか
↓
いかがいたしましょうか

Check Point

☑漢語や熟語で言えないか考える！

簡潔に言うとは，要するに言い換えるということです。もっと短く言えないかどうかを普段から考えるクセをつけておきましょう。

☑語尾を強調し過ぎるのもかえって不自然！

語尾まではっきり言うことにこだわりすぎて「〜があります」の「ます」にアクセントがくると，かえって不自然になるので注意します。

☑気持ちを切り替えよう！

もう社会人なのだと，気持ちを切り替えましょう。

働き方の「心得」

普段使い慣れている言葉がつい口をついて出てしまうことは，よくあることです。しかし，それによって多少なりとも評価が下がってしまうとすれば，それは何とかして避けた方がよいでしょう。

そのためには，自分はもう社会人の１人で，責任のある立場なのだという意識を強くもちましょう。特に教師はいつも子どもに囲まれて過ごしていることから，つい緊張感がゆるんだり，フレンドリーになり過ぎたりしてしまいがちです。管理職や先輩と話すときには，常に緊張感をもって話をするとよいと思います。

（山中　伸之）

授業準備

教科書をじっくり読む

教科書を読むことは、子どもの立場で授業を考えることであり、とても大切です。

例えば、算数の教科書は、はじめに既習の問題があり、どのような考えで解いたかを表現する場面があり、その解き方を生かして新たな問題を解くようになっています。教科書のあちらこちらに吹き出しによるつぶやきや助言が書かれています。

教科書には、子どもたちが疑問をもち、それらをどのように解決すればよいか、何を学ぶのか、学習の筋道となるヒントがたくさん散りばめられています。つまり、教科書には、子どもの思考の流れを予想し、主体的に学べるような工夫がされているのです。どんなに時間がないときでも、まずは教科書をじっくり読んでみて下さい。

指導書を読む

指導書には、子どもたちに理解をうまく促す声かけのし方や、深く考えるべきポイントなどがわかりやすく示されています。

例えば、国語では、一時間の授業の目標、細かな発問、発問の意図、予想される子どもの発言、評価等が記されています。これだけを自分の力で考えるには長い時間と経験が必要です。指導書はどんどん参考にして、目の前の子どもの実態に合わせて変更するようにします。また、コラムや関連図書の紹介ページ、作者や筆者から子どもに向けてのメッセージなど、教材研究に生かせる内容も盛りだくさんです。私は、それらを子どもに紹介することもあります。指導書を熟読するとたくさんの発見があります。

授業ノートをつくる

未来の自分のために、授業ノートをつくりましょう。授業ノートは、低学年なら子どものノートと同じものがおすすめです。子どもが書く内容、それにかかる時間を考えながら、一時間の授業の流れ、活動の時間配分を決めていきます。

授業ノートは、授業計画を立てるときだけでなく、授業後のリフレクションにも使います。授業をしてみて、うまくいかなかったところや、子どもの発言で気になったこと、次の時間に生かすことなどをメモしておくと、自分の学びになり、授業力を向上させることや、次時以降の授業を深めることができます。

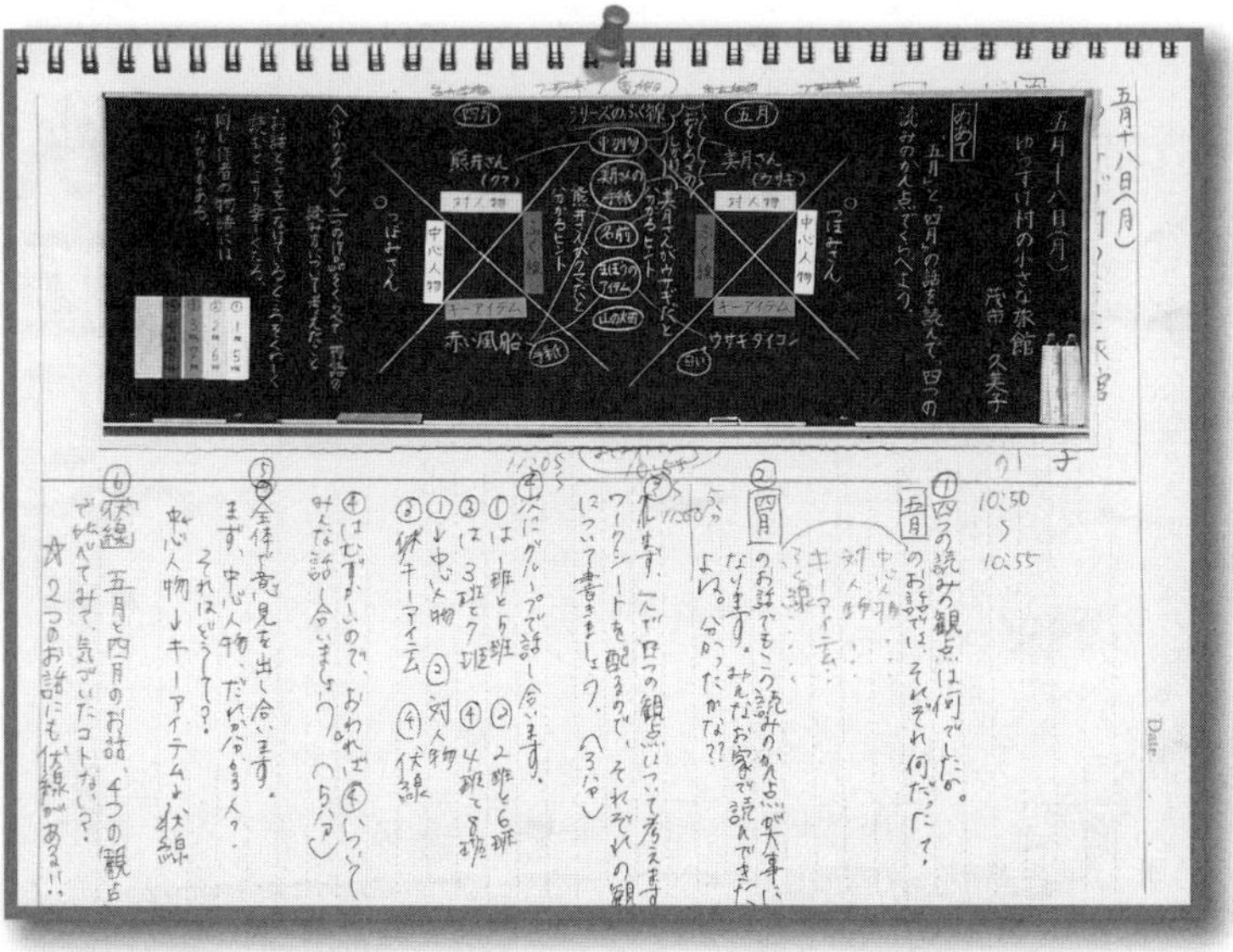

授業後，板書計画を書いていたところに実際の板書写真を貼る

働き方の「心得」

楽をして授業力を上げることはできませんが，やり方を工夫したり，経験を確実に積み重ねたりすることで，早く授業力を向上させることはできます。授業ノートをつくることは，授業力向上へ直結します。ノートの上での想定がうまくいかないことは多々あります。しかし，書き残すことで自分のそのときの考えや子どもの思考の流れとのズレ，よりよい発問など，多くの気づきを得ることができます。常に過去の自分を振り返りながら未来の自分を生み出し続けるのです。また同じ学年をもったとき，過去の自分と向き合い，より進化した自分に出会えるでしょう。

（樋口　綾香）

授業の組み立て方

主体的・対話的で深い学び

新学習指導要領では、「主体的・対話的で深い学び」の視点からの授業改善が求められています。まず、単元の計画を立て、その中に子どもが主体的に学習に臨むための「しかけ」、多様な考えを引き出したり、学びを振り返り、考えを再構築したりすることを促す「発問」（42～43ページ参照）、そして安心して「対話」を行える場をデザインすることで深い学びへつながると考えています。

単元の指導計画を立てる

指導計画を立てるとき、意識すべきことは、

・教材の価値から考える
・子どもの経験から考える

ということです。

教材の価値は、どの子どもに教えるときも変わらないものです。どのような力をつけることに適している教材かを考えて授業づくりをします。

一方、子どもの経験は、受けもつクラスによって変わります。生活経験が豊かなクラス、学習意欲が高いクラス、その逆等、地域やクラスの特性、既習の内容を考慮して指導計画を立てます。

導入のしかけで心をつかむ

単元の導入は、その単元全体を楽しく学習できるかどうかに関わります。導入では**子どもの経験と教材の価値を結びつけるしかけ**を考えたり、**子どもの内にある問いを引き出したりする工夫**をします。

●導入の活動例

「授業に関わる題材でクイズをする」「題名読みをして内容を予想する」「初発の感想を交流し、問いを立てる」「既習事項とのズレを誘う」等があります。

「対話」を取り入れる

●教材との「対話」「自己内対話」

対話は誰かとするものとは限りません。一人でも行えます。教材と対話する、自分自身の経験と教材を比較する等、教材との対話をすることで、学習したいことが見つかることがあります。単元の導入や授業のはじめに取り入れます。

●ペア対話・グループ対話

考えたことや気になったこと、わからないことの共有等、普段からペア対話やグループ対話を促すことで協働学習の構えが身につきます。

●対話を促すコツ

対話を活発にするために、あえてペアやグループに一つだけ物を配ったり、普段からグループの形で授業をするという方法もあります。

ペア対話を促すホワイトシート

ペアで１冊の本を使って調べ学習

働き方の「心得」

私はかつて，綿密な板書計画を立てていました。すると，どうしてもその通り授業を進めたくなってしまいます。

授業は，教師がしたいことだけではうまくいきません。子どもが何を考え，何をしたいと思っているかを敏感にキャッチできる視野の広さが必要です。綿密な板書計画は，その視野の広さを奪ってしまう可能性があります。

板書計画には必ず余白をあけ，子どもの発言にしっかりと耳を傾けられる教師でありたいものです。

（樋口　綾香）

学習規律

厳しさより過ごしやすさ

学習規律とは、学習をするために必要な規律ですので、緩いのは適しませんが、厳しすぎると居心地の悪さにつながることがあります。

教室には、多様な子がいます。姿勢を保てない、じっと座れない、勉強が嫌い、そのような子どもたちに、一律に「背筋を伸ばして座りましょう」「離席は認めません」「手をまっすぐにあげて発言をしましょう」と決めてしまうと、教室で学習することが嫌いになる子を生む可能性があります。

大切なことは、教師も子どもたちも、教室にいる多様な子どもたちの特性を理解し合って、学習規律を柔軟に育んでいくことではないでしょうか。その上で「聞くこと」と「授業準備」についての指導は欠かすことができません。

聞くことの指導を徹底する

話を聞いてもらえることは、安心感や信頼を育み、話を聞いてもらえないことは不信感やクラスの荒れにつながります。そのため、まずは教師による「聞かせる指導」を徹底します。

●安心感を生む聞き方3つのポイント

・話し手を見る
・反応する
・柔らかな表情

●指導の流れ

① 子どもたちが話を聞いている普段の様子を動画で撮影しておく
② 「安心感を生まない聞き方」の3つのポイントを問う
・話し手を見ない
・反応しない
・硬い表情
③ ②の聞き方でペア対話を行い、感想を伝え合う
④ ①の動画を見て、安心感を生む聞き方を実践する

授業準備の指導をする

始業のチャイムと同時に授業を始めることのできるクラスを目指します。始業のチャイムを守れるクラスでは、学習に前向きに、時間を守れる子どもたちが育ちます。

授業準備の指導では、

・授業後すぐに次の授業の準備をする

・チャイムで着席する

という2点だけを指導します。

しかし、これだけでは授業準備は定着しません。できていない子を叱らず、できている子に目を向けます。教科書が出ている、とがった鉛筆が用意されている、ノートに下敷きが敷いてあるなど、細かなよい点に気づいてほめることを繰り返すと、授業準備を進んでするようになる子どもが増えます。

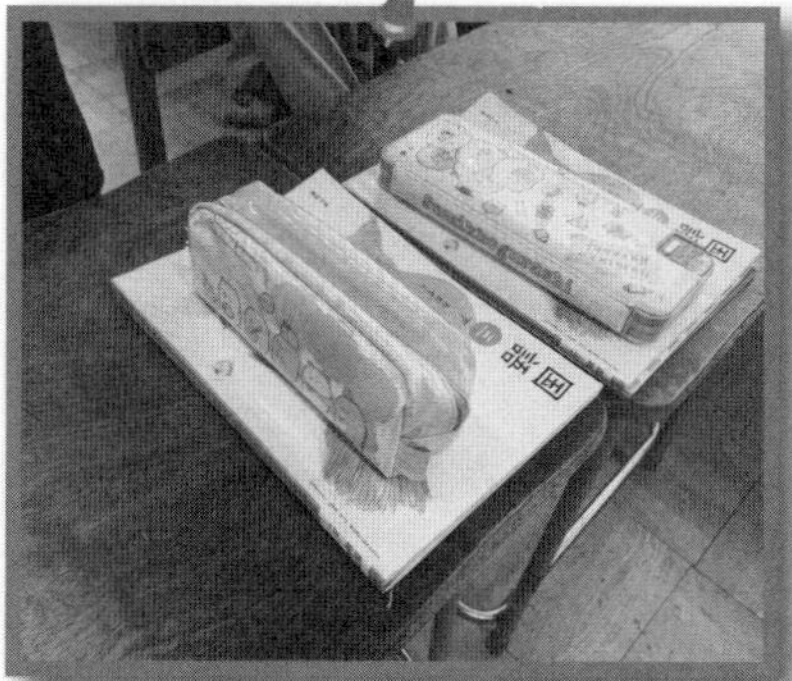

準備物は２人の机の真ん中に置くと
ペアチェックもできる

聞き方を練習する様子

働き方の「心得」

学習規律は，教師のためにあるのではありません。子どもたちが安心して学習できる環境をつくるためにあります。規律は，１年がスタートすれば，できるだけ早く教室に根づくよう，毎日丁寧に働きかけなければなりません。この働きかけは，「注意」ではなく，一人ひとりを認め，クラスの一員であり大事な存在であることを伝えていくことです。つまり，規律を教えながら，子どもたちとの信頼関係を築いていくことができます。毎日少しずつ成長する子どもたちを注意深く見てあげて下さい。

（樋口　綾香）

発問・指示・指名

発問で学習の流れをつくる

発問は、教科の見方・考え方を働かせながら、様々な意見や見解を生じさせ、子どもの思考を活性化させるもののことです。そのため、教師が子どもに何をさせたいかを明確にした上で、一問一答にならないよう工夫する必要があります。また、発問には、様々なタイプがあり、学習活動を豊かにするために、意識して取り入れると有効に働きます。

●**発問のタイプ**

・**拡散型**…思考を開く、増やす
・**整理型**…思考を整理する、分類する
・**深化型**…思考を深める、ゆさぶる
・**収束型**…思考をまとめる
・**振り返り型**…自分と社会をつなぐ

発問を考える際には、上記の発問のタイプと、どのタイミングで発問をするかを十分に練ります。拡散・整理型の発問は授業の前半部分に、深化・収束・振り返り型の発問は授業の後半に入れると、広がった思考を整理し、深めていく授業展開ができるでしょう。

指示は短く、視覚的に

授業の中で指示は、学習活動のやり方を指し示す指導言です。指示をするときに注意すべき点があります。

① 全員が集中して聞いている状態で伝える
② 端的に伝える
③ 電子黒板など視覚にうったえるものを有効に活用する

つけたい力は、指示を聞く力ではありません。指示を通して、学習に向かう力をつけたいのです。ですから、指示が聞けないために活動に参加できない子どもや、活動の流れを止めてしまう子どもが現れないように配慮をします。言葉だけで伝えることに不安がある場合は、③のように視覚的な支援をしましょう。

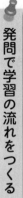

偏らない指名をする

いつも手をあげる子、たまにあげる子、ほとんどあげない子…挙手に偏りが出れば、自ずと指名にも偏りが出て、「発言する子だけで進める授業」になってしまう可能性があります。

指名の偏りをなくすためには、

① 挙手のチャンスを増やす

② 教師の意図を介入させない

という方法があります。

①では、自信がある子もない子もあげられるように、グーは自信なし、パーは自信ありなど、自信の度合いをハンドサインにしてあげるようにします。

②では、子ども同士の相互指名を取り入れます。子どもに指名を任せると、緊張感が減って挙手が増え、また教師の意図が介入しないことで聞く力の向上や話し合いの活性化につながります。

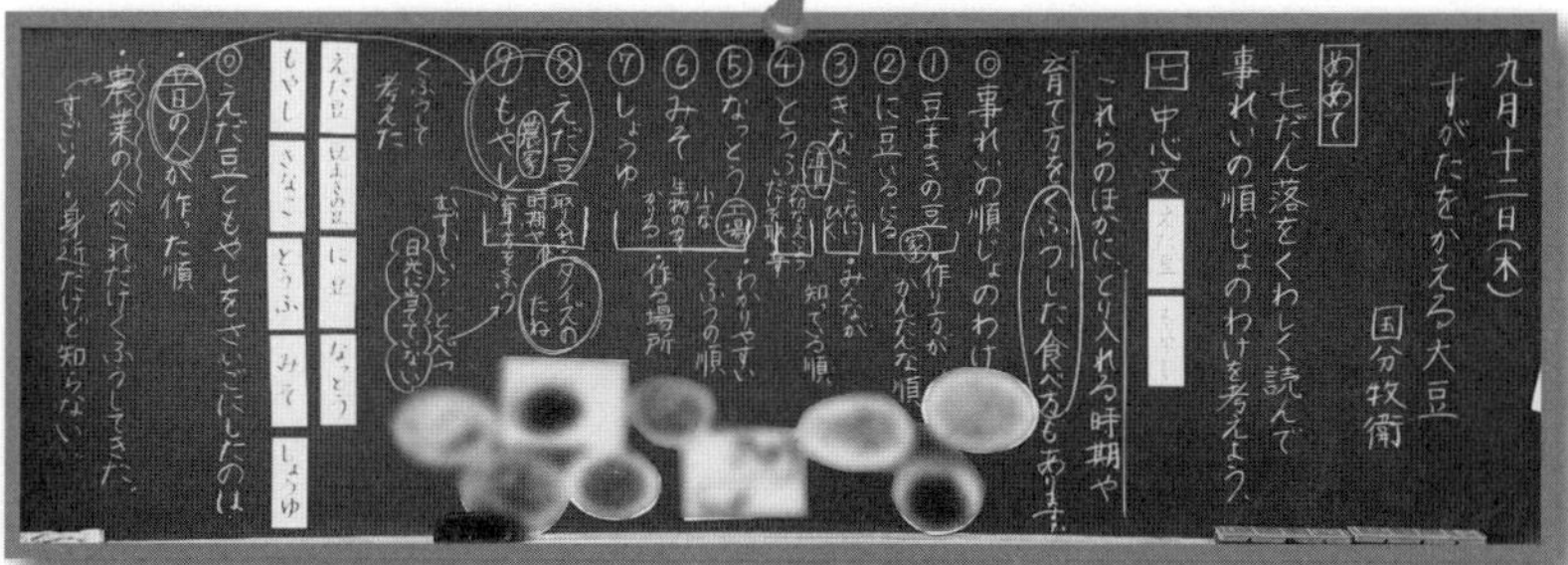

授業の後半で，深化型発問を取り入れた板書

働き方の「心得」

発問・指示・指名はどの授業でも必要な教師の技術です。発問と指示は教師から発せられる指導言であり，明確に伝えなければ，子どもの学習意欲は高まりません。発問は，主要なものを授業の中で２つから３つ考えておくと，授業の流れが明確になります。指示は一度に３つまでにする，などと決めておくと大事なことが整理され，聞き手の子どももわかりやすくなります。

指名はいつも同じ方法だとマンネリ化することもあるので，列指名，出席番号指名，誕生日指名等を取り入れてもよいでしょう。

（樋口　綾香）

板書

板書パターンを決める

勤務校で統一の板書の型があるとよいですが、決まっていなければ自分で型をつくることをおすすめします。例えば、日付、学習課題、まとめを必ず書く、学習課題は◎で表す、学習課題の色は赤、まとめは赤で囲むなどです。型を決めると板書計画が作成しやすくなりますし、パターン化すると子どもに見通しをもたせることになります。

また、使うチョークは白と黄色がおすすめです。黒板に書く緑や青の文字は読みにくいです。赤も使用しますが、蛍光チョークの赤が見やすいです。

学びの足跡を残す

授業で獲得したことや学んだことをネーミングします。

例えば、1年の算数で、13ひく9のように初めて繰り下がりのひき算を学んだ際、子どもとのやりとりをもとに減加法を「バイバイガッチャン」、減々法を「バイバイバイバイ」と名づけました。ネーミングは共通言語化することです。それにより印象づき、次時以降も「アイテム」として活用することができます。子どもとのやりとりから生まれる学びの過程や学びの活用につながる板書を目指したいです。

板書環境を整える

学校によってはマス目が入った黒板もあるでしょう。ない場合は、管理職の許可を得て水性マジックの緑でマス目を引くと文字が曲がりにくくなり、書きやすいです。

板書も教育環境の一部と考え、濃く、丁寧な文字で書くことを心がけます。漢字やひらがなの形や筆順は確認し、誤字がないように書きましょう。また、一日の終わりに黒板をきれいに消し、チョーク受けを拭き、必要なチョークを新しく用意することで明日の板書意欲が高まります。

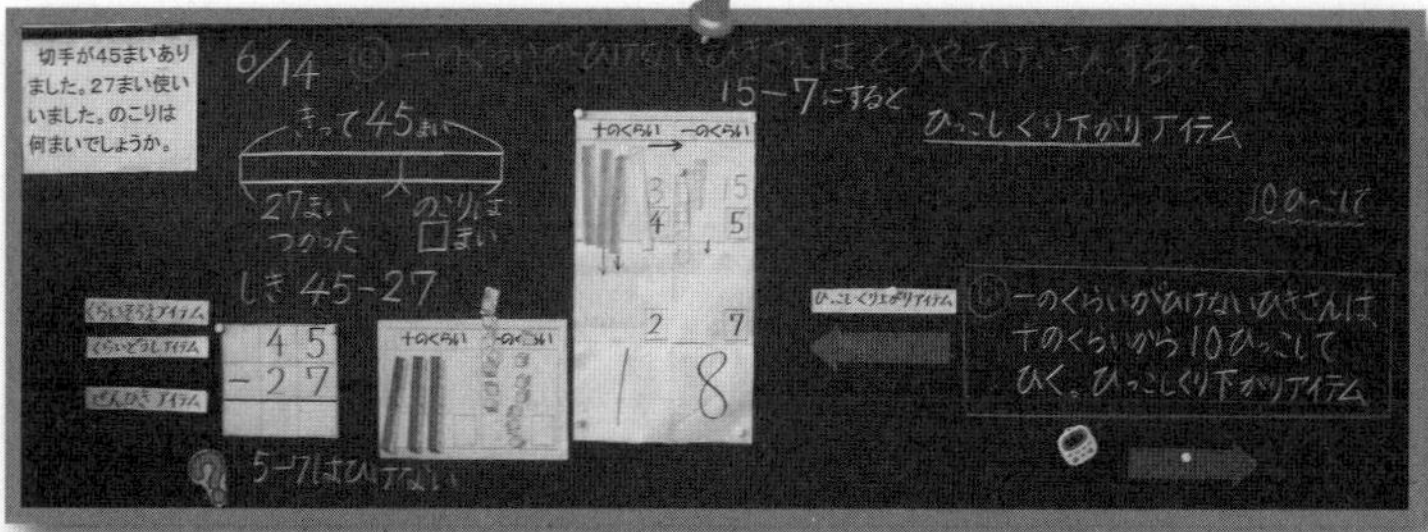

学習課題→自分の考えを書く→「アイテム」の獲得→まとめの順

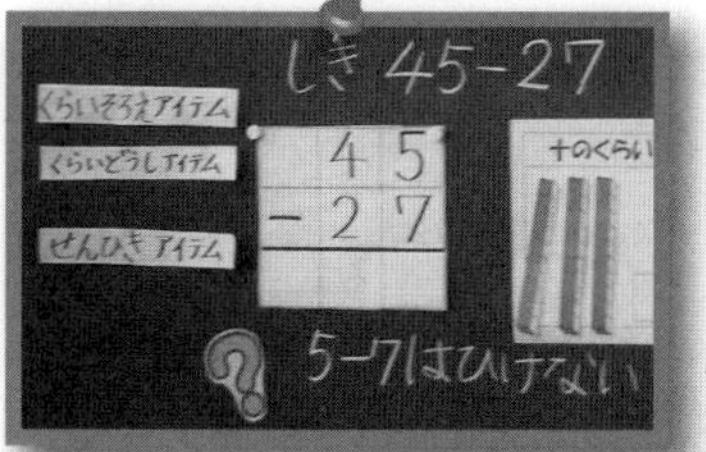

既習事項の「アイテム」を確認し，
はてなを引き出し，今日の学習課題へ

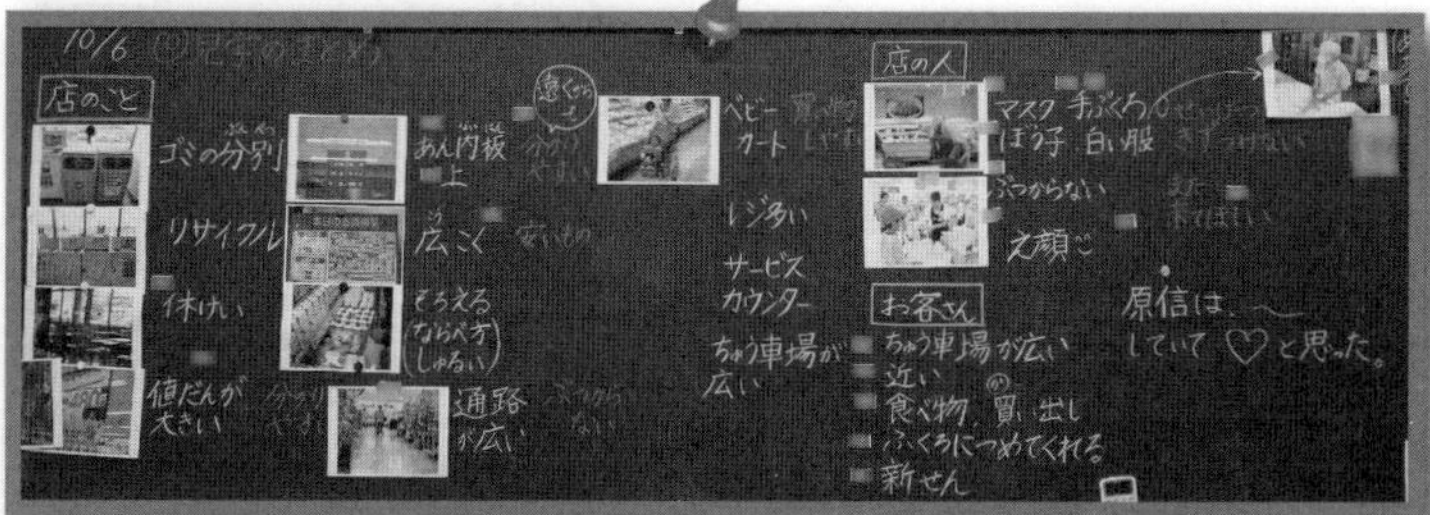

子どもの発言を記載し，ネーム磁石で可視化

働き方の「心得」

私は，板書することを次のように考えています。

① 授業で獲得したことや学びの過程を共有する場
② 子どもへの肯定的メッセージの場

本稿では主に授業での板書を紹介しましたが，他にも朝は子どもたち向けに「おはようメッセージ」を板書して読み合い，スタートしていました。前日の子どもたちのがんばりやよい姿を価値づけし，共有することで１日をお互いに前向きな気持ちでスタートしたいという意図で行いました。板書の意義や目的を考えながら有効に活用したいです。

（近藤　佳織）

ペア・グループ学習

まずは話す量の確保を

ペア・グループ学習を軌道に乗せるためには、コミュニケーション量をある程度確保することです。授業、朝の会、朝学習を活用し、話す機会を意図的に設定し、量の確保に努めます。

授業の課題について交流することはもちろんありますが、まずは「最近、はまっていること」「今週楽しみなこと」「昨日見たテレビ」等話しやすい、何を話してもよい、多様性のあるテーマがよいと考えます。良好なコミュニケーションはまず量を確保することからです。

ノートや絵本の活用

ペア学習の活用で考えられるのは、自分の考えを伝えることです。課題に対し、自分の考えを表したノートを見せたり、ノートを見合ったりしながら発表することを促します。話し言葉と考えの跡をセットにして伝えることで相手に伝わりやすくなります。

また、異学年交流で「ペア読書」をしたこともあります。上学年と下学年がペアになり、上学年が絵本を読み聞かせます。上学年は読む力、伝える力を、下学年は聞く力を育てます。同学年でも実施可能です。

認め合う環境づくり

4~5人のグループで話す際はペアよりもハードルが上がります。活動目的を伝え、どんな意見も否定しないことを確認し始めます。

「1年生を迎える会の出し物」「お楽しみ会でしたいこと」など、まずは数多くの意見を出す拡散型の課題で行うとよいでしょう。慣れてきたら、ベスト3や今日の最適解を決めるなど収束型の話し合いにも挑戦します。収束の際は机くらいの大きさのホワイトボードを囲み、書きながら整理する活動が有効です。

考えを書いたノートを見せながら
隣の人に発表

上学年が下学年に読み聞かせる
「ペア読書」

机くらいの大きさのホワイトボードを使った，グループでの話し合い

働き方の「心得」

活動成立のコツは，伝え合う機会を日頃からつくって，ペア・グループ学習が特別ではない環境を整えておくことです。授業中，朝の会，朝学習に話す機会を意図的に設定します。授業の課題を話し合うことはもちろんですが，「最近，はまっていること」「今週楽しみなこと」など何を話してもよく，絞る必要のない多様性のあるテーマがよいと考えます。

コミュニケーションはまず量を確保することです。また，「へえ」「いいね」「なるほど」「他には？」等，あいづちの例を示したカードやホワイトボードを活用し，書き込みながら進めることも活動を促進します。

（近藤　佳織）

ノート指導

ノートは考えを残す場

ノートは、自分の考えを残す場であると考えています。発達段階に応じ、文字、絵、吹き出し、矢印等を使うことを奨励し、自分の考えを表す喜びを育てたいです。

マス目ノートを使うことが多い低学年にはマス目黒板を使い、子どものノートと同じように板書し、書き写しやすい状況をつくりましょう。

学年や学校で、使用するノートのマス目や行数を指定できると、ノートの規格による子どもの混乱が減ります。

書くことへの配慮

子どもの発達段階や特性により、書くことへの意欲が低い子、書くことが困難な子も増えています。ノートと板書は、個と全体の橋渡しや子どもが考えを深める大きな役割を果たすことを踏まえ、自分の板書が適量か、思考を促すものかを時々見直します。

板書の書き出しをなるべくそろえる、板書量を絞る、板書の縮小コピーを渡すなど、書くことに対する個別の配慮も踏まえたノート指導を行います。

励ましと評価で意欲づけ

授業中に、考えの見取りや回答への丸つけを含め、一時間の中で一度は子どものノートを見取り、励まします。また、授業の終わりに振り返りを書いた際は、丸をつけたり、簡単なコメントで評価したりします。

授業改善の柱としてノート指導に力を入れ、子どもの振り返りの量と質をシールで評価し、意欲づけを図ったことがあります。全校で継続して指導することで子どもの書く量が増え、質の高まりも見られました。

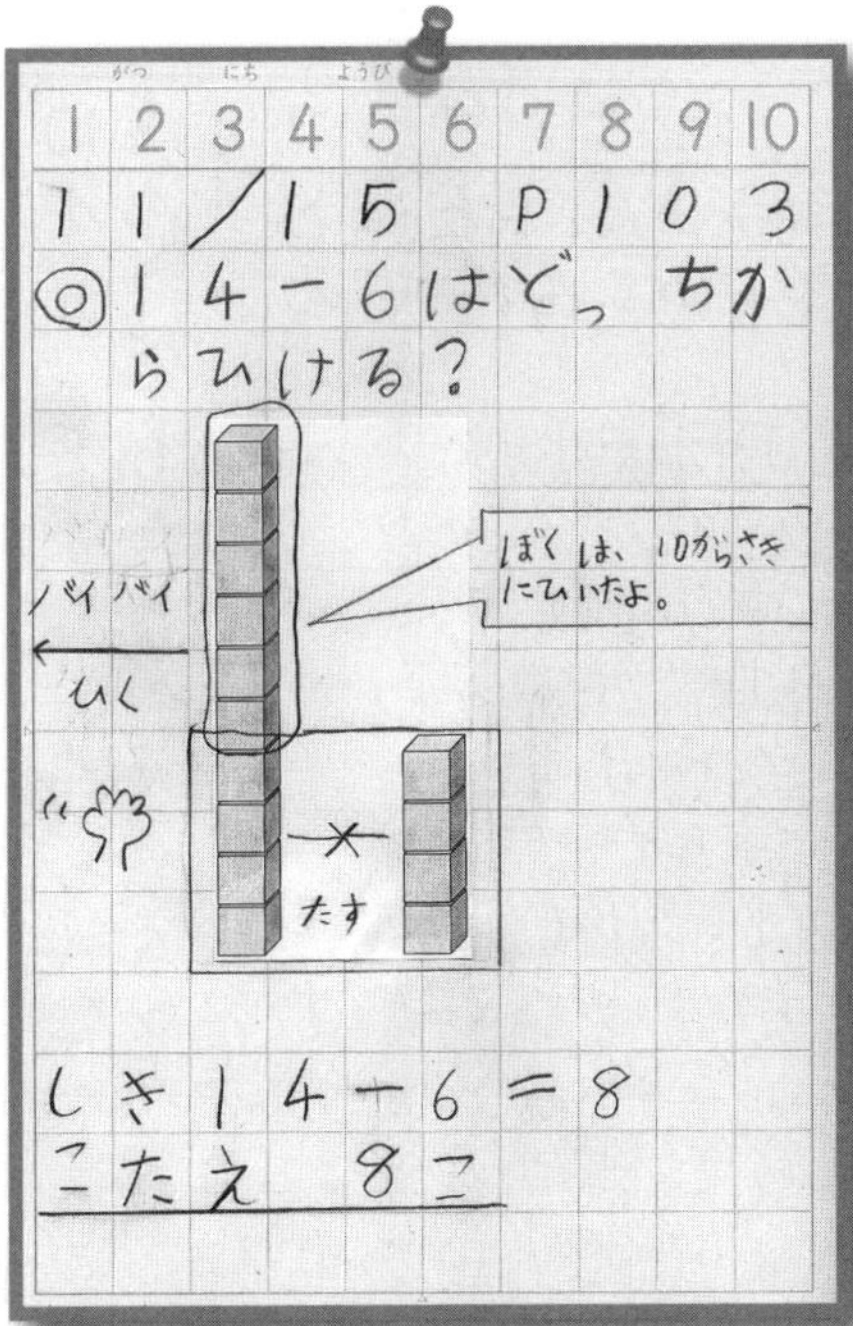

学習課題を書いた後，印刷したブロック図を配り，そこに考えの跡を書き込む

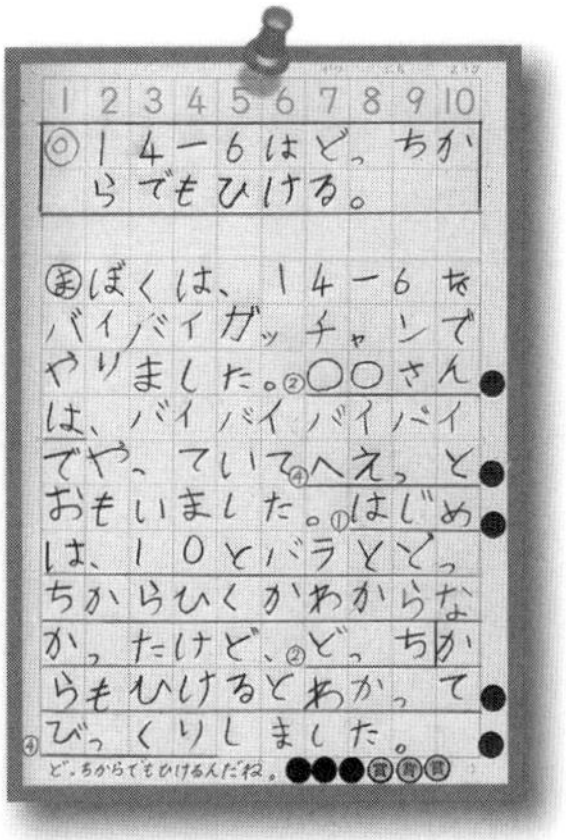

学習のまとめを囲みで示した後に授業の学びを書く
（量や内容によりシールで評価）

使うノート

	国語	漢字	算数	計算
1年	10マス 12マス	84字	7マス 14マス	
2年	18マス（点線入）	104字	12mm	
3・4年	方眼10mm	120字	方眼10mm	
5・6年	方眼８mm	150字	方眼８mm	

授業で使用するノートのマス目を学年や全校で統一して，おたより等で保護者に伝える

働き方の「心得」

その時間の子どもの考えの跡や気づきを把握するため，ノートに目を通すことは大切です。また，ノートに丁寧なコメントを返すことは素敵ですが，時間がかかります。毎時間にせず１日この教科だけ！と決める，放課後にやろうとせず，授業中に簡単な丸をつける，授業後にさっと目を通すなどやりくりが必要です。

他にもお手本となるノートを印刷して掲示する，スタンプやシールを活用することも考えられます。短時間でノート指導と意欲づけができるよう工夫したいものです。

（近藤　佳織）

テスト・評価

時間内に返す

やり終えたテストは、なるべくその時間内に返却します。理由は2つあります。

1つ目は、学びの定着率を高めるためです。1週間前にやったテストのことを覚えている子は少ないですが、その場で返してもらえれば、解けなかった問題をすぐに教科書を見直してやろうとします。2つ目は、教師の時短のためです。子どもが帰った後に始めるのでは効率も悪く、他の仕事をやれる時間がなくなります。なるべく早く丸つけして返す。これが鉄則です。

わからないままにしない

わからないテストはやる気がなくなります。前もって予告しておき、自主学習ができるようにします。

また、できなかった場合にも、返却するときにできた子から教えてもらえるシステムにしておきます。そうすることで、授業中理解が浅かった子にはもう一度学び直すチャンスに、理解の早い子には人に教えて知識を定着する機会にします。

テストを受けることが、学びを深める機会となるようにするのです。

テストで子どもの学びを促す

丸つけをして回りながら、これは！と思う解答や学ぶ姿勢のよさをどんどんメモしましょう。メモはそのまま所見文に生かせますし、テスト返しの際に全体へ紹介することもできます。

最後に、テストは誰のためのものでしょう。評価する教師のためでもありますが、一番は子どもの学びを促すためのものではないでしょうか。テストを単に評価の道具と考えていると、無味感想の、子どもにとって辛い時間になってしまいます。工夫を凝らし、楽しいテストの時間にしましょう。

グッドの３段活用（点数によって変化させる）
このようなオリジナルキャラをつくると喜ばれる

テストの途中で丸つけをする

人数の半分の丸つけが終わったら残りの子は３人ずつ並ばせて採点を続ける

働き方の「心得」

テストの点数が悪いと丸つけが遅くなり，教え方が悪かったと気分も沈みます。ですから点をとれるよう全力でサポートします。そのためには何が必要なのか，逆に何がいらないのかを考えます。授業にメリハリをつけることで，何が大切なのかを際立たせ，「先生の授業を聞いているとテストができるぞ！」と思ってもらえるようになれば，こっちのものです（笑）。評価のためだけではなく，楽しいテストとはどんなものか，どうすれば学びを促すものになるか考え，子どもと一緒に成長するつもりでトライ＆エラーを繰り返しましょう。

（深見　太一）

宿題

やらされるものからの転換

宿題と聞いてあなたは何をイメージしますか。嫌なもの、辛いものと考えているなら、きっとそのイメージがそのまま子どもに伝わります。反対に、楽しい、ワクワクするものと考えているなら子どもにもそれを伝えましょう。

仕事も同じです。無理やりやらされる仕事は辛いです。反対に、土日に自らお金を払って学ぶのはとても楽しく感じられます。その違いはズバリ自主性にあると思います。やらされるものから、自らやるものへの転換。まずは教師自身の考え方を変えましょう。

「けテぶれ」の導入

宿題を転換する上で非常に役立つ考え方、それが「けテぶれ」です。小学校教師の葛原祥太先生が提唱され、2019年に本も発売されました。けテぶれでは、け→計画、テ→テスト、ぶ→分析、れ→練習を一つのサイクルで回します。プリント等を準備するのではなく、既存の漢字・計算ワークを使って、自分でノートをつくります（左ページ写真参照）。自分で行ったテストの間違いを分析し、自分に必要な練習をして宿題として提出します。まさに学び方を学ぶ学習方法なのです。

漢字で始める

漢字の10問テストを行う日と、ページを予告しておきます。3日程度けテぶれの宿題を出します。10問テストができるようにするために、どうやって学ぶか計画を立て、それに向けて自分でテストをしたり、漢字ノートに練習をしたりしてきます。教師が決めた量の宿題ではなく、子どもが自分でこの量をやれば覚えられるということを考え実行する。それがこのけテぶれで一番大切なことです。まずはやってみて下さい。そこから見えてくるものがあります。

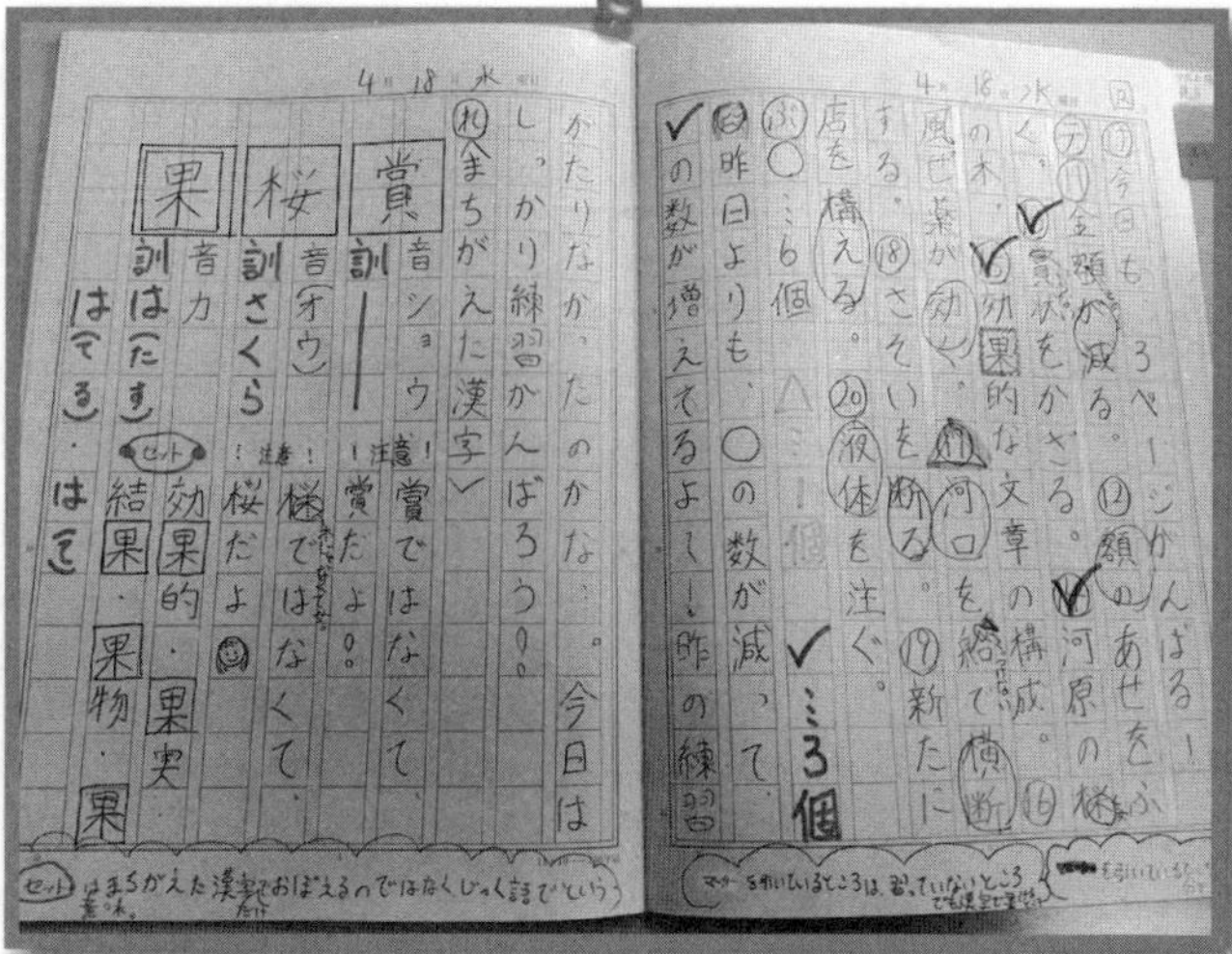

「けテぶれ」を始めると学びの主体性が高まったノートができる（葛原先生写真提供）

間違いの分類

読む	読1	問題の意味がわからなかった	読解力 問題慣れ
	読2	ちゃんと読んでなかった	見直し
解く	解1	わからなかった	けテぶれの洗練
	解2	わかってたのに間違えた	見直し
	他	ど忘れなど	

● 小さなサイクル

毎日やる！

・**計画**：自分の現状を踏まえ、その日やることを書く
〇〇だから□□をする！という書き方をめざす

・**テスト**：自分でやってみる。正確で厳しい丸付けを。
学校での小テストはエビングハウスの忘却曲線にそって！

・**分析**：間違いの原因、成長の要因をかく
ルーブリックで自分の学習方法を自分で評価する
キーカードに見つけた苦手をストックする。
間違いは分類して名前をつける。

・**練習**：苦手に応じた練習をする。手玉を増やす。
他者の実践を知る機会を設けてやる。

働き方の「心得」

1年目は正直何もわかりません。主任の先生と相談することも大切にしながらも，今回の「けテぶれ」システムの導入など，やりたいことを伝える技も身につけてほしいです。黙って言うことを聞いていればよいのではなく，相手の思いを受け止めつつ自分の思いを上手に伝える方法も身につけていく。それこそが1年目に求められることかもしれません。EQ（心の知能指数）を高めていかなければ，やがて苦しくなるのは自分です。最初から主張しすぎるのではなく，だからと言って自分の思いを殺しすぎるのでもない，ちょうどよいバランスを見つけていけるといいですね。

（深見　太一）

参考文献
・葛原祥太『「けテぶれ」宿題革命！』学陽書房

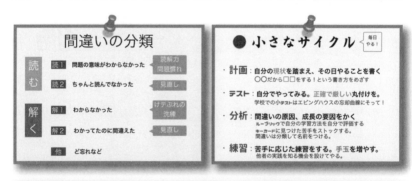

学級はじめの準備

「場所」を明らかにする

新しい学級での生活は、子どもたちそれぞれの「場所」を明らかにすることから準備が始まります。集団生活の中では、誰がどの場所を使うのかを確定しなければ、座席に座って教師の話を聞くこともできません。

登校してきた子どもたちが動いていく順に考えると、靴箱、教室、座席、ロッカー、コートかけ等のそれぞれについて、誰がどの場所を使うのかわかるようにしておく必要があります。校内の約束事を確かめながら、迷子が出ないように準備します。

「使い方」を明らかにする

子どもたち一人ひとりの使う場所が定まったら、次にそれぞれの使い方について確かめ、場合によっては掲示物等を作成して、誰の目から見てもルールが明らかになるようにします。その際、文字だけの情報よりも、写真やイラストを組み合わせるとさらにわかりやすくなります。靴箱の使い方、ロッカーへのものの置き方等、近年では学校スタンダードとして約束事が定められている場合が多いので、年度当初の職員会議で提案される学校全体で取り組むルールを確認しておきましょう。

ゴールから逆算する

年度当初はとにかく配付物が多く、事務処理に時間をとられます。配付だけで終わらず、必要事項を記入した後で回収しなければならないものもあります。ミスが許されないものも多く、気を遣う仕事です。滞りなく学級事務を進めるためには事前の段取りが大切です。次のように分類して、配付物の「動線」を考えます。締め切りの有無にも注意しましょう。

・学級で回収の必要なもの
・教室の掲示で必要なもの
・校内で提出するもの

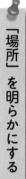

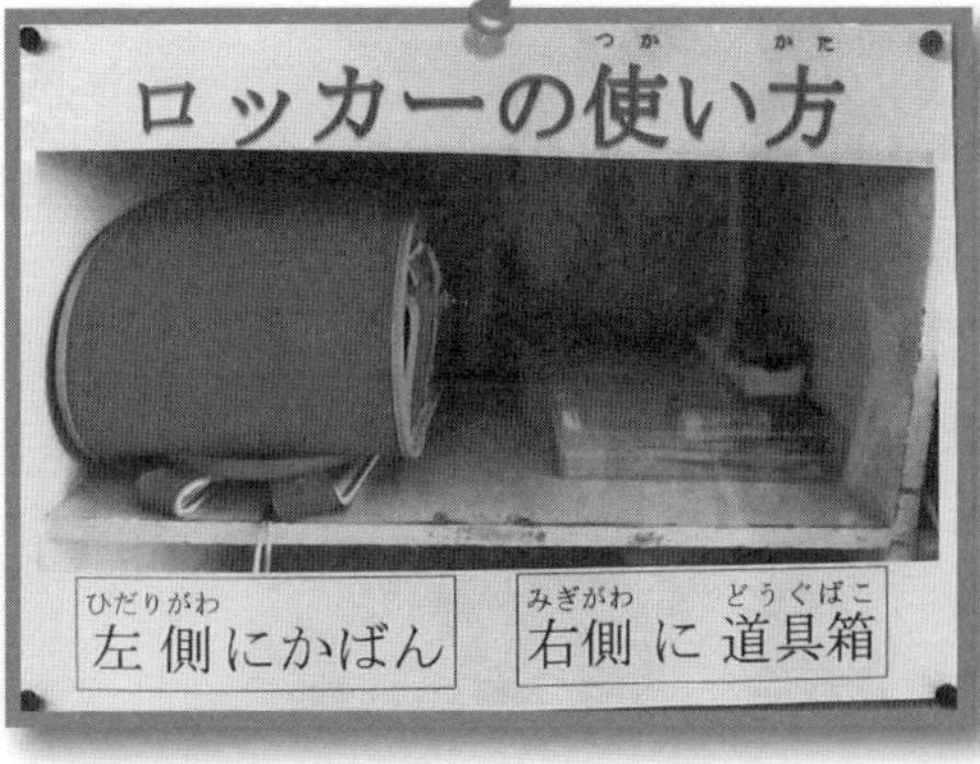

自分の場所と使い方を視覚的に示す

カゴを活用して整理する

区画を分けて，ルーティンを定める

働き方の「心得」

4月の学級開き前の事務作業は，想像を絶する忙しさです。油断していると机周りも仕事の管理もあっという間に混乱の渦に飲み込まれてしまいます。教室の飾りつけや掲示物に凝りたくなる気持ちはわかりますが，最優先事項はそこではありません。提出物が滞りなく集められるシステム・毎日のルーティンが最小の労力で回せる仕組み等，ムダのない動線をつくることを心がけて下さい。教材研究も掲示物も，「必ずやらなければならないこと」から無駄を省き，生み出した時間で行うようにすることを心がけましょう。

（藤原　友和）

クラス目標

「なりたい姿」を描く

クラス目標の設定は、子どもたちのどんなクラスにしたいかという考えを出し合うところから始めます。もちろん、学年の発達の段階によってその内容は一様ではありませんし、一年生を除くと子どもたちがそれまでに学校生活の中で経験してきたことやほめられたり励まされたりした経験が反映されるものですから、こうした決め方がよいとは一概には言えません。しかし、日常生活や行事の前後の指導、学期毎の振り返りの中で、「自分の現在地」を考えるための拠り所になるものです。

「下位項目」を決める

例えば、「えがおいっぱい」という目標が決まったとしましょう。次は、具体的にどのようなことをしていけば「えがおいっぱい」のクラスになるのか、下位項目として整理します。

・やさしく話そう
・係の仕事をていねいにしよう
・なかよく遊ぼう

これらの下位項目は、どんなときに、どうすることによって実現できたと考えられるのか、学校生活の中で「クラスの共通のことば」としてつくりあげていきます。

振り返りの機会をつくる

クラス目標は、一年間のゴールの姿です。下位項目は、毎日の生活の中で達成するために日々、振り返ります。この長期目標と短期目標の「間」をつなぐ必要があります。

例えば、運動会や学芸会等の大きな行事や学期始めの学活の時間はよい機会です。クラス目標に近づくための「中期目標」としてのめあてをつくります。行事が終わったときや学期末には、成長した点やよかった点を振り返ります。課題として残されたところは次の目標へと引き継ぎます。

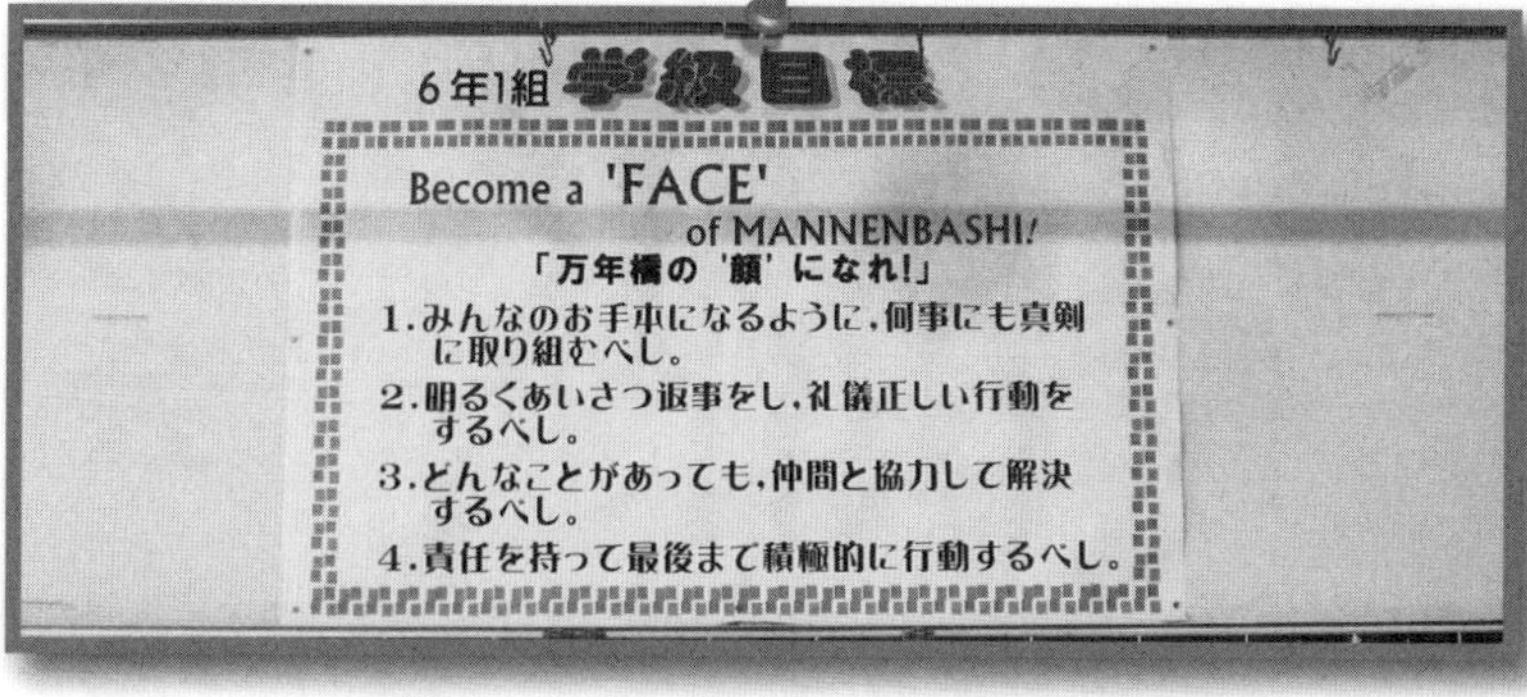

クラス目標はシンプルに設定し，下位項目で具体化する

低学年では「キャッチー」に

子どもの作品を加えて
「自分事意識」を高める

働き方の「心得」

クラス目標は，「ルール」ではありません。成長の方向を考える道しるべです。「べからず集」にならないように気をつけます。「こんな子どもたちであってほしい」「こんな自分たちでありたい」という前向きで具体的な姿と結びつくようにしたいものです。そして，日常生活で見せる姿や節目節目での振り返りから，「クラス目標を達成したと思える場面」や「まだまだ課題があるなと感じられた場面」を思い浮かべられるように，クラスの掲示物や学級通信，係活動等の様々な活動とクラス目標とを紐づけられるようにします。つくって終わりにしてはいけません。

（藤原　友和）

朝の会・帰りの会

「切り替え」の朝の会

学級の朝はとても忙しいものです。朝の会の時間を十分にとれなかったり、一時間目の授業に食い込んでしまったり、形式的で活気のないものになってしまったりと、本気で機能させることは意外と難しいと言えます。優先順位を決めて取り組む必要があります。

要するに最低限、何ができればよいかですが、子どもたちの心と体を家モードから学校モードに切り替えることができればよしとします。明るくあいさつをするのも、姿勢を整えるのも、これらの切り替えのためだという目的をはっきりさせて取り組みます。

朝の会の一般的なプログラムは、次のようなものでしょう。

- 朝のあいさつ
- 出欠確認・健康観察
- 一分間スピーチ
- 今日のめあて
- 係・先生から

一度決めたことを淡々と続けるのではなく、家と学校との「切り替え」がうまくいっているかどうかという観点から時折見直して、修正を図っていくことが大切です。担任外の先生に見に来てもらってフィードバックを受けることも有効でしょう。

「確かめ」の帰りの会

帰りの会は、その日一日の生活を振り返り、めあてがどのくらい達成されていたか、課題は何だったのか等の「確かめ」のための時間です。そして、実は帰りの会そのものよりも「帰りの会の前の後片づけ」を手早くできるかどうかが、前向きな生活になっているかどうかをはかる指標になっています。

そう考えると、帰りの会はそこに至るまでのプロセスについて教師が評価される時間にもなるわけです。帰りの会が朝の会よりも短いプログラムで行われていることが多いのは、そのときにはその答えが出ているということでもあるのかもしれません。

例えば、プログラムは次のようなものが考えられます。

・　始めのあいさつ
・　今日の振り返り
・　明日の連絡
・　先生から

始めのあいさつをする子どもたちは、姿勢が整っているでしょうか。今日の振り返りが、形式的で意義を感じられないものになってはいないでしょうか。明日の連絡では、子どもたちが必要感をもってメモをしたり、忘れ物をしないような工夫をしていたりするでしょうか。教師の話を、おへそを向けて聞くことができているでしょうか。一日の生活が子どもたちにとってどのようなものであったのか見取る機会であると考えて生活を振り返りましょう。

プログラムを掲示し，司会は子どもに任せる

働き方の「心得」

朝の会や帰りの会を省略したり，楽しい活動で子どもの横のつながりを強くしようとしたりする実践があります。それはそれでその学級の子どもたちの成長にとって必要であり，かつ効果的であるという判断の下で行われているのですから，とても価値があることと思われます。しかし，それはやはり「守・破・離」の段階で言うと「守」以降。子どもたちとの生活をつくる経験をある程度積まれた後のことではないかと考えます。まずはオーソドックスな形式の奥にある，「目的」や「思想」というものをしっかりと踏まえた上で実践を始めることが大切です。

（藤原　友和）

日直

「日直」とは？

学校は、集団生活を送る場所です。所属しているメンバーで生活を円滑に送るための仕事を分担します。仕事の期間が一週間や一ヶ月等、ある程度の期間に渡るものを「当番」と呼びます。

これに対して、仕事の期間が一日で終わるものを「日直」と呼ぶのです。日直は日常の簡単なルーティンを日替わりの輪番で行って、クラスの生活をスムーズに行えるようにするのがその役割です。誰でもできる簡単な仕事だからこそ、責任感をもって取り組めるように指導します。

日直の仕事

日直の仕事は、次のようなものが一般的でしょう。

・朝の会・帰りの会の司会
・教室移動時の消灯や窓の開閉
・授業前後の礼
・学級日誌への記録

こうしてみると、集団の中で声を出す場面が多いのがこの仕事の特徴です。クラスの子どもたち全員に「大勢の人の前で声を出す」という経験をさせられる機会でもあります。子どもたち個々の課題に寄り添いながら表現力を伸ばす場にしていきましょう。

環境によるサポート

誰にでもできる簡単な仕事ですが、その分意識して過ごさないと忘れてしまったり、仕事内容は毎日変わらなくても、自分に回ってくるのは一ケ月に一度程度だったりします。そこで、視覚的に自分が日直であること、仕事をどこまでやっているのか・まだやっていない仕事は何なのかが一目で見てわかるように環境を工夫します。「日直」と書いたネームプレートを用意したり、仕事が終わったら裏返すカード等小物を工夫したりして意欲的に取り組めるようにサポートします。

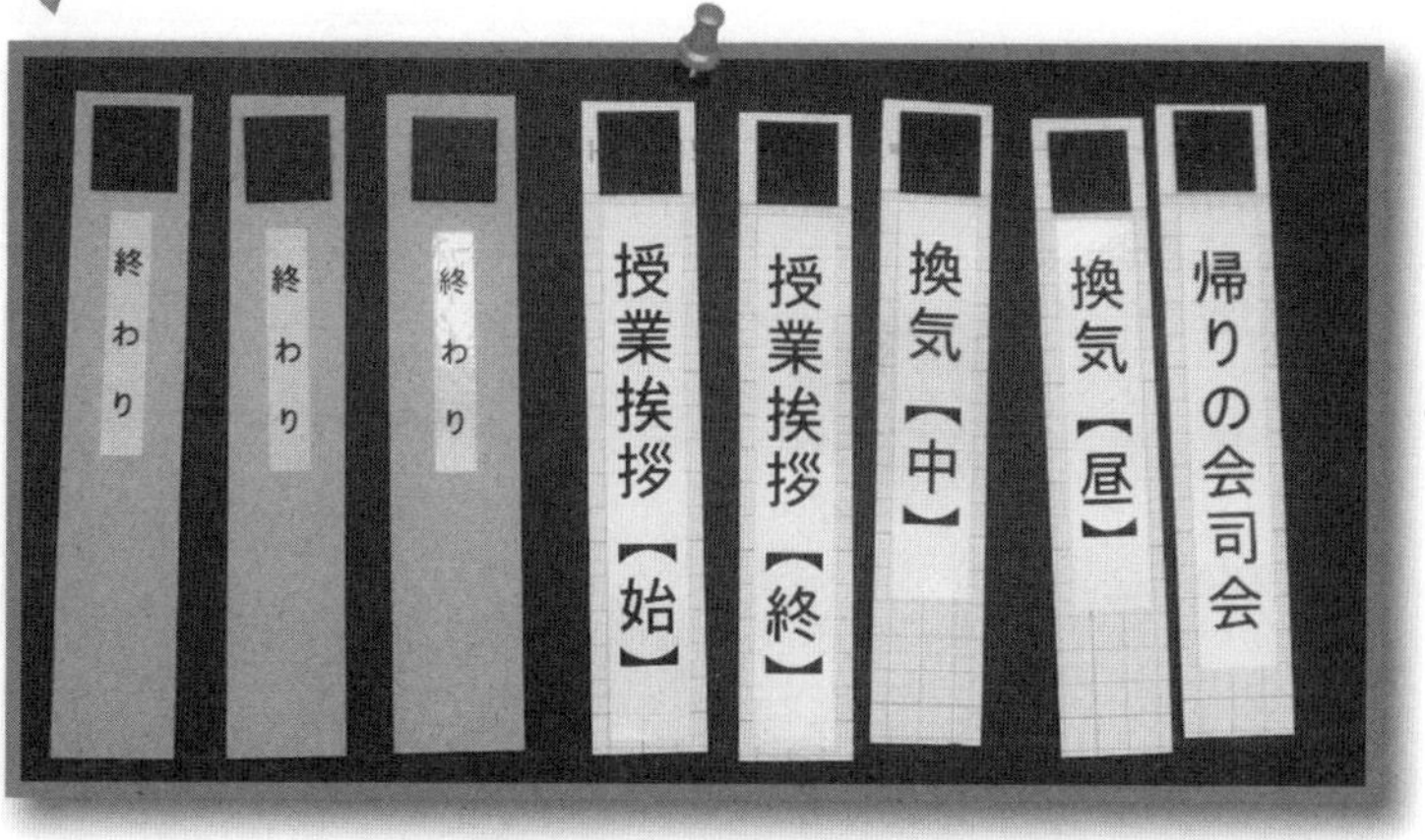

仕事を「見える化」して示す
（参考：野中信行氏の実践）

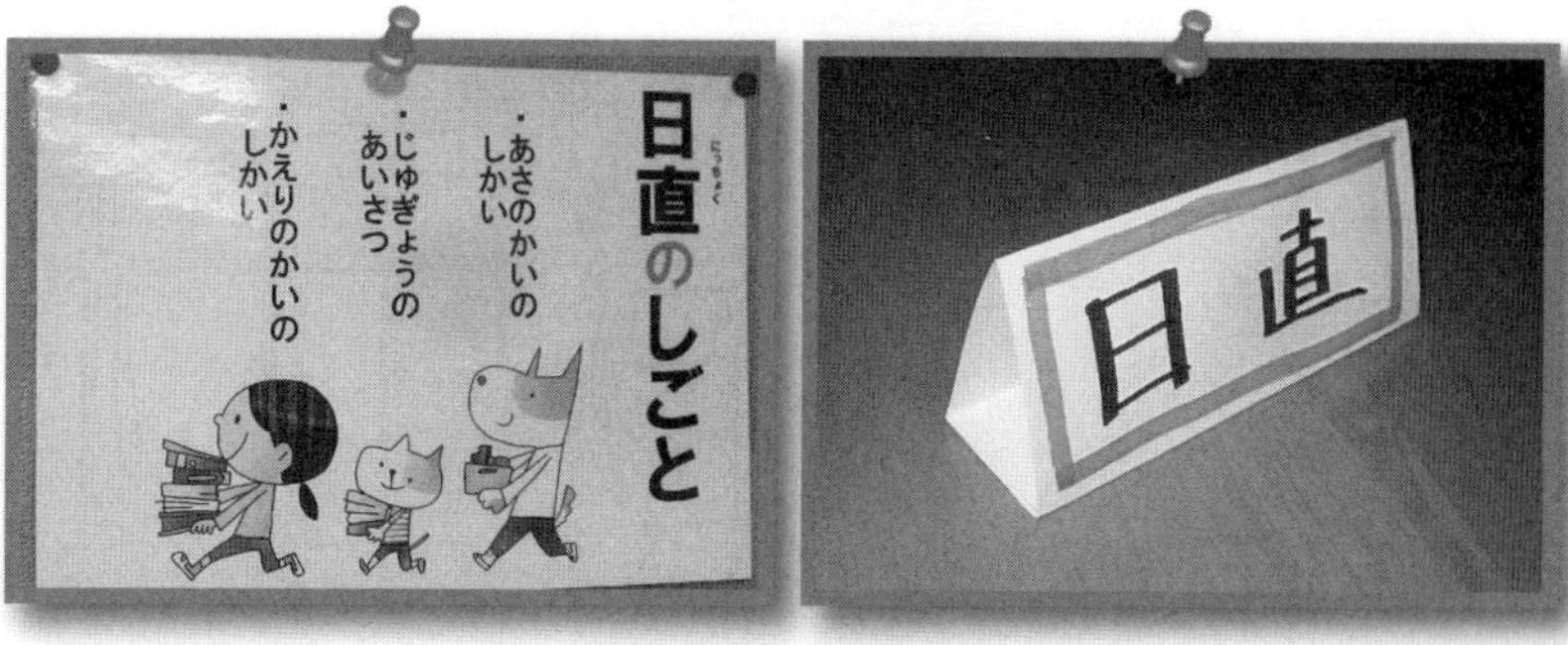

自覚を高める小道具

働き方の「心得」

日直は，その日のクラスの生活の代表者です。誰でもリーダーになる経験をもてますし，誰がリーダーになっても，それを支えるフォロワーシップを学ぶことができる仕組みでもあります。授業前後のあいさつを規律正しく，揃ってするためには全員の協力が必要になり，人前で声を出すのが苦手な子が日直になった日には，その他の子どもが支えなければなりません。教師には日直の仕事ぶりを「点検」する視点とともに，この子が日直になったことが，クラスにとってどんな「よさ」を生み出したのか見取り，肯定的に評価する構えが必要です。

（藤原　友和）

教室ルール

何のための「ルール」か

学校には、たくさんの決まりがあります。ルールがあることのよさは次の2点だと考えられるでしょう。

- ・みんなが気持ちよく生活できる
- ・ルールの大切さを学ぶことができる

「子どもを管理しやすくするため」ではありません。管理のためにルールを利用すると子どもたちは「ルールを守っている私はいい子・ルールを守っていないあの子はダメな子」という間違った規範を身につけ、責め合うクラスになってしまいます。

ルールを定めるプロセス

ルールは本来クラスが安定するためのものです。必要に応じ、子どもたち自身の力でルールを決めて、自分たちの生活をよりよい方向に向かうようにクラスを育てていきたいものです。とは言え、クラスが育つには時間もかかります。命に関わる危険なものや、大人の力でなければ決められないもの等は躊躇なく教師が定めたルールを示し、どのように守ればよいのか、具体的にブレなく指導します。最近では、このレベルのものは学校で統一されていることが多いので確認して下さい。

必要感のあるルール

「ピンチはチャンス」です。子どもたちのトラブルが起きたときは、個々の行動について振り返り、失敗しないためにはどうしたらよかったか考えるように指導します。このとき、「みんなが守る約束」をクラスの子どもたち全員の考えを引き出しながら定めていくと必要感と納得感のあるルールをつくることができます。しかし、難しいのはルールづくりよりも、その運用の仕方です。ルールを拠り所にしながら、ルールがいらない子どもたちになるように指導していくことが大切です。

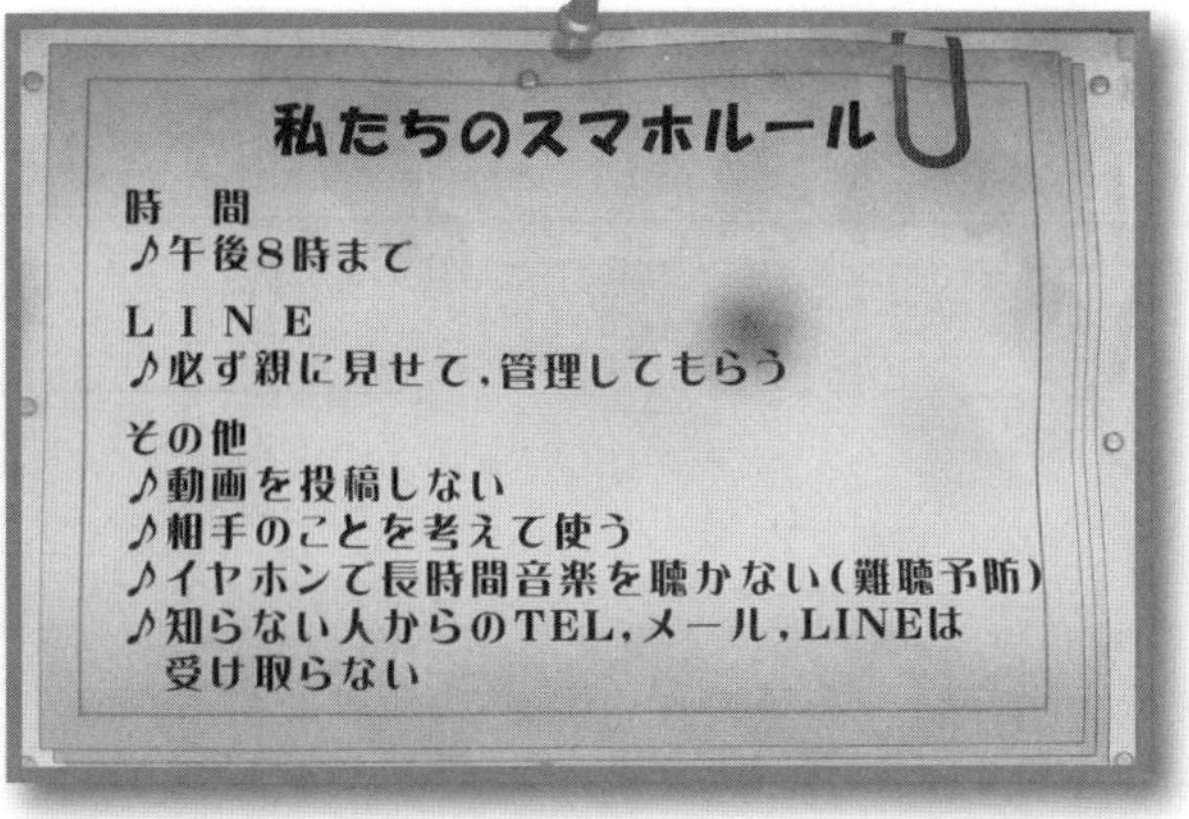

学校で「スタンダード」が定められているときは確認する

重点を明らかにする工夫

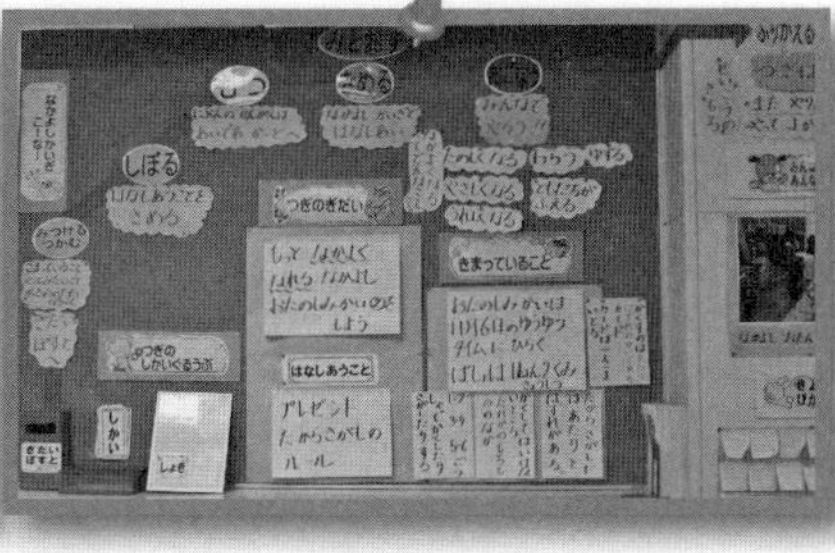

子どもたちの必要感からつくるルール

働き方の「心得」

ルールづくりは，簡単に「自己目的化」してしまう恐れがあります。何のためにルールがあるのか，ルールがいらなくなるのはどんな状態になったときか，子どもとともに考えながら「よりよいみんなの生活」をつくっていくことが大切です。思考停止に陥ると，ルールが際限なく増えていったり，ルールを守っているかどうかを友達を責める材料にしてしまったりという弊害が起きてきます。教師がブレずに守らせるルールと，子どもたちが育つためにつくるルールを区別し，安全・安心を保障した上で集団を高めていきましょう。

（藤原　友和）

清掃指導

清掃は学級経営を映す鏡

清掃の様子を見れば、学級経営がうまくいっているかどうか、すぐにわかります。基本的に、子どもたちは、清掃活動に熱心に取り組みません。先輩教師の学級が一所懸命に清掃を行っているのであれば、そこには必ず秘訣があるはずです。

罰を与えるなどの力技は、短期間で効果を失います。さぼっている子どもに目が行きがちですが、しっかりと清掃をしている子どもを称賛しましょう。誰もが「先生に認められたい」と思っているのですから。

当番の仕組み

一般的には、ローテーションで清掃場所を交代する清掃分担表をつくるでしょう。その清掃分担表は、月曜日に更新しますか？　できれば水曜日か木曜日に更新しましょう。週のスタートは変化が少ない方がうまくいきます。

また、グループをつくり、同じメンバーで清掃場所をローテーションする方法はやめましょう。働く人・働かない人が固定されてしまいます。ネームプレートを作成し、個人でローテーションする仕組みにしましょう。

マイスター制度

その清掃場所の名人「マイスター」を認定しましょう。マイスターは、清掃方法を新しいメンバーに伝達する役割を担います。つまり、清掃場所のメンバー全員が入れ替わってしまうのではなく、一人は同じ清掃場所に残って次のメンバーを指導するリーダーになります。

各清掃場所のマイスターを認定するわけですから、教師はしっかりと清掃場所を巡回する必要があります。教室の掃き掃除だけをしていては、全体を指導することはできません。

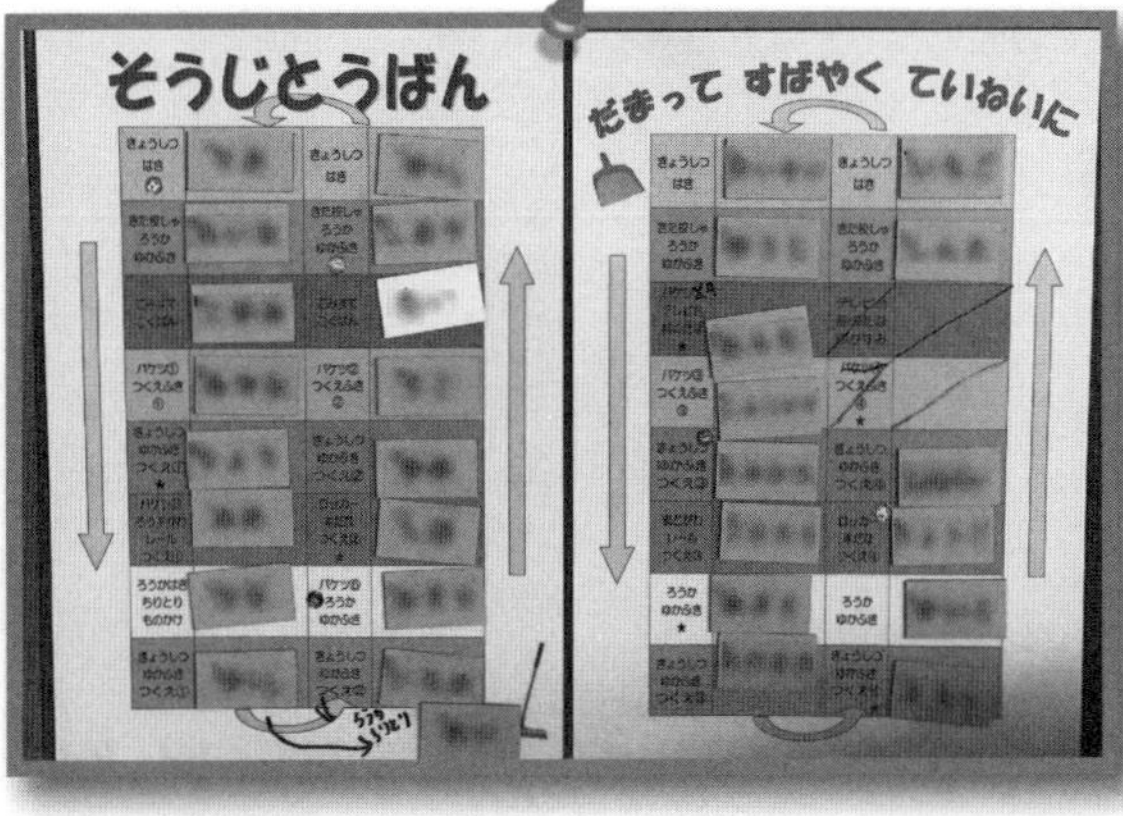

清掃分担表はグループではなく個人でローテーション

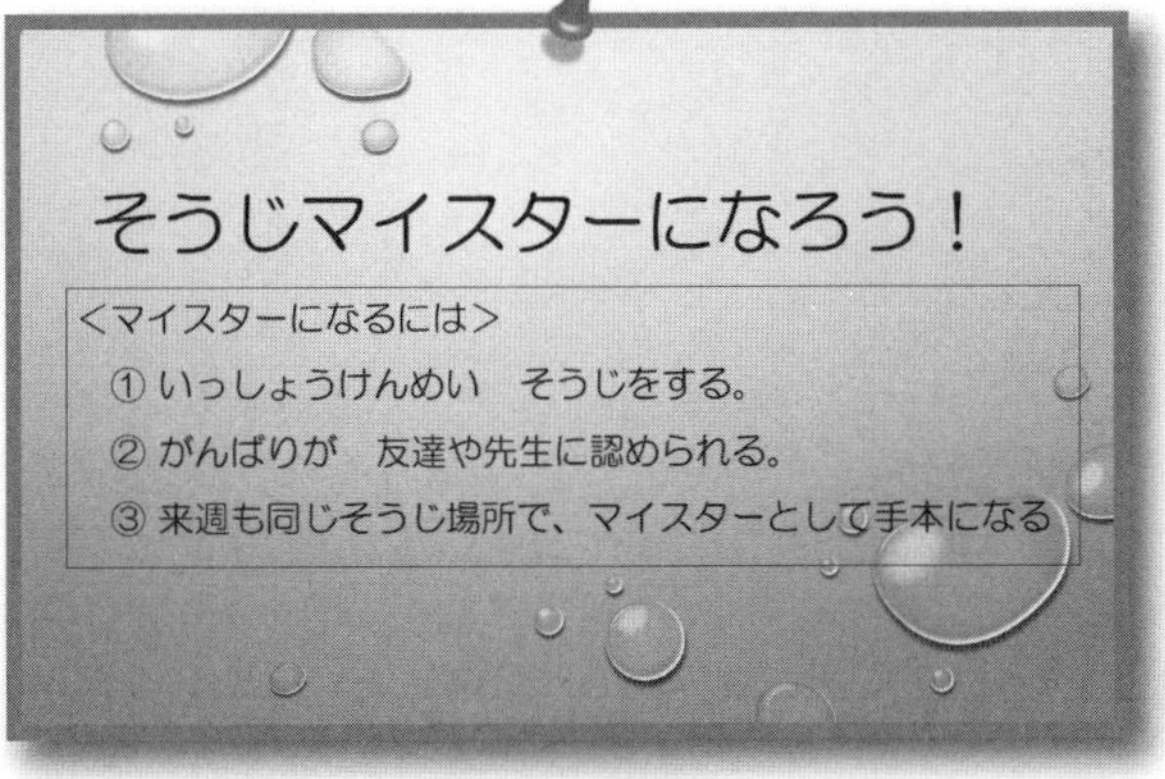

マイスター制度

働き方の「心得」

きれいにすること。清掃の目的ははっきりしています。教師は，どこを，どのような方法で，どこまできれいにすればよいか明確に指示を出せばよいのです。指示や仕組みが不明瞭だと，子どもが都合のよい判断をするために，清掃がいい加減になるのです。うまくいかないときは，精神論ではなくシステマティックに考え，仕組みづくりを変えてみて下さい。

忙しいと，清掃の時間に印刷をしたり，生徒指導をしたりしがちです。清掃を軽視する教師の姿勢は，残念ながら子どもに伝わってしまいます。

（多田　幸城）

給食指導

食事を楽しむ

給食の時間は昼食ではなく、給食指導です。食べればそれでいいというわけにはいきません。食育、好き嫌いをどうするか、アレルギーへの対応、そして配膳やおかわりの仕組み等、様々なことが一時間の中に詰まっています。

基本的な考えは、「食事を楽しむ」ことです。そのために、安心・安全や食事時間の確保をどのように行えばよいのかを考えていきます。

時間貯金

配膳をスムーズに行うことは、食事時間の確保のために重要です。4時間目が終わった時点で、給食当番の準備完了時刻と全員が手洗いを済ませて静かに着席を完了する時刻を黒板に掲示することで、時間の意識が高まります。

さらに、指定した時刻よりも早くそれらが完了したときは「時間貯金」とします。時間貯金のシステムは、帰りの会の準備等、他の場面でも活用し、累計で45分たまったら、学級活動でレクリエーションができるなどの仕組みをつくると意欲も高まります。

適量を完食する

食べ残しはよくないと考えるならば、配膳された時点で、食べきれない分を予想して減らせばよいのです。自分の食べられる量を知ることは大切です。そうすれば全員が完食できます。

おかわりも同じ考えです。配膳された量を食べ終わった後、もっと食べられるのであれば増やします。ただし、おかわりの時間は決めておきます。

少食の子も、おかわりのじゃんけんに参加できるようにするなど、食事を楽しめる工夫を学級会で考えてみて下さい。

時間貯金の掲示物

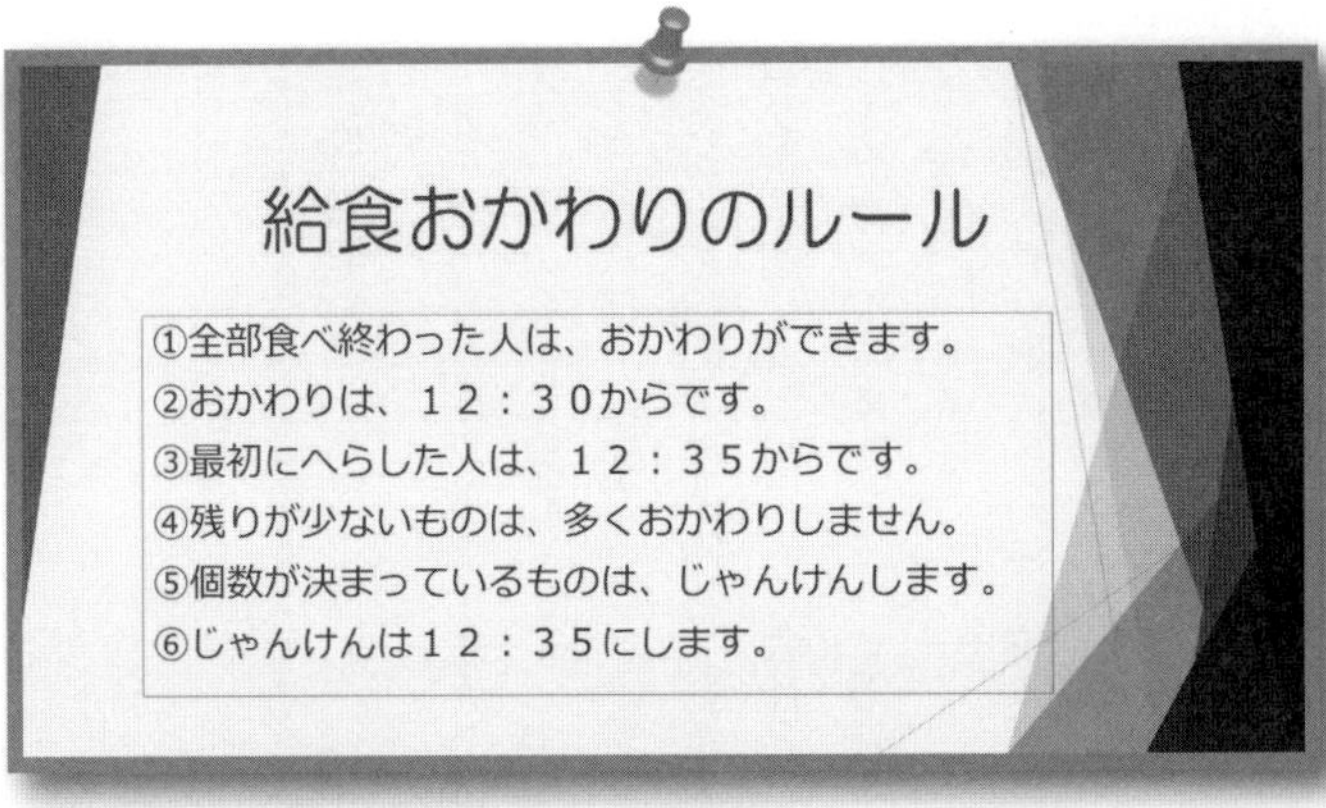

学級会で決まった「給食おかわりのルール」

働き方の「心得」

食に関する指導は，無理をしても改善しません。「食事を楽しむ」ことの方が重要です。給食大好きな子を増やすことを目指しましょう。

子どもと一緒に給食を食べると，家庭の様子や友達関係を知ることができます。また，普段，積極的に教師と話をしない子と会話をするチャンスでもあります。児童理解は学級経営で欠かすことはできません。給食の時間に，テストの採点やドリルの添削をする教師を見かけることがあります。終わらないのであれば明日の返却にすればよいのです。子どもと話をしながら食事をすることの方が重要なのは明らかです。

（多田　幸城）

係活動

学級の所属意識を高める

そもそも、なぜ係活動はあるのでしょうか。それは、学級の所属意識を高めるためです。そのために、一人一役の係活動があると捉えることができます。「あなたがこの仕事をしてくれるから、みんな助かっているんだよ」というメッセージは、確かな自信につながります。

そのためには、価値ある仕事でなくてはなりません。なくてもいいような係や、仕事がない係ではそのような気持ちは湧いてきません。

会社制度

どのような係が必要かを考える際は、係を一つの会社に見立てます。中学年以上であれば、起業するイメージで、会社設立の目的、事業内容、勤務時間等を掲示物にまとめます。会社名とロゴをデザインすると、さらに意欲が高まります。

実際の係活動の内容は、従来と大差ありません。しかし、自分が考えた会社（係）であることから、しっかりと仕事をしたり、内容を改善したりする姿が見られるようになります。

係活動の評価

定期的に、企業活動（係活動）の評価を行います。すべての会社（係）に対して、評価項目は以下の3つに統一して、4段階（◎・○・△・×）で行います。

① 学級に必要な会社である
② 社員は一生懸命に働いている
③ アドバイス（記述式）

この評価をもとに、仕事の改善を行ったり、新しい仕事を追加したりすることができます。後期にはさらにレベルの高い会社へと進化します。

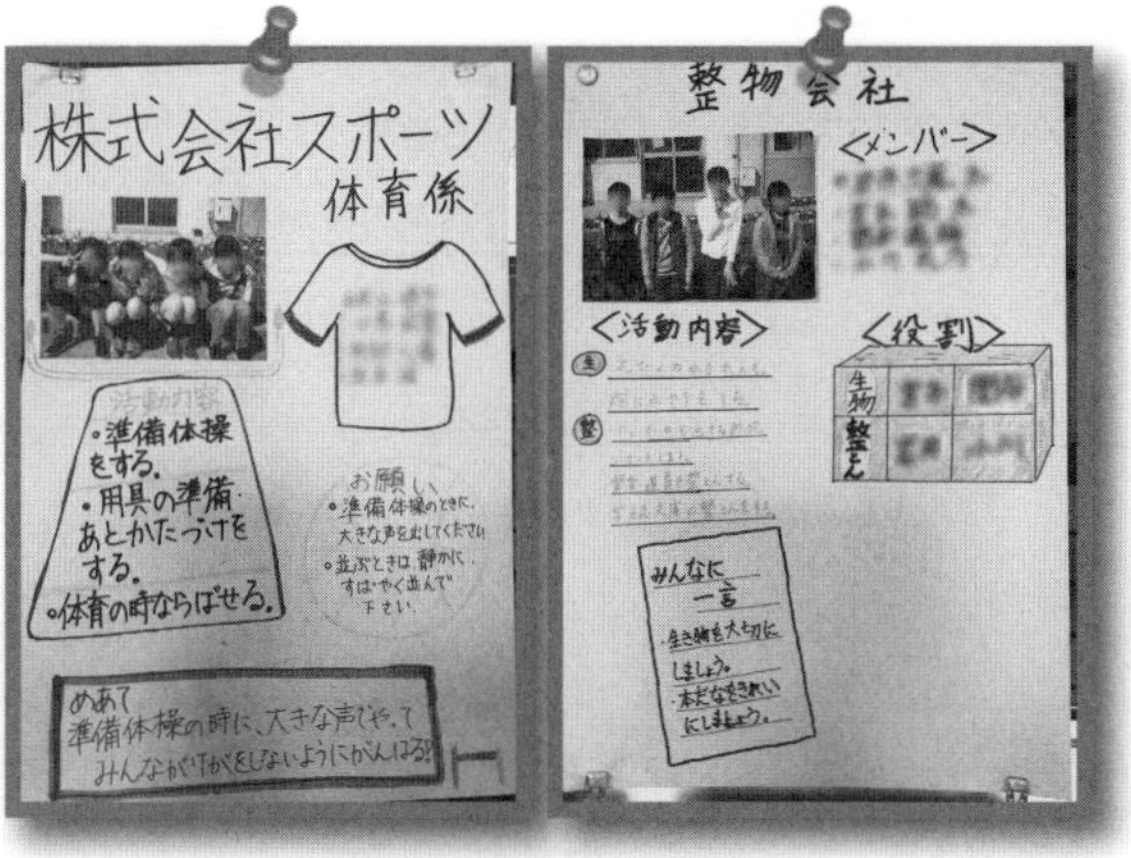

会社（係活動）の紹介

企業活動
評価アンケート

● T&K ミュージックカンパニー
（企業理念：音楽を楽しむ心を大切に）
① 学級に必要な会社である。
② 社員は一生懸命働いている。

企業活動（係活動）の評価アンケートの一部

働き方の「心得」

係活動がうまくいくと学級の自治が進み，規律も守られるようになってきます。教師が学級の中心ではなく，子ども中心の学級ができあがってきます。最初のうちは，教師が声をかけながら，しっかり仕事ができるようにサポートする必要があります。また，係活動をしている人にお礼を言う習慣をつけることも重要です。

係活動は，教師の手伝いをさせるためにあるのではありません。例えば，宿題の提出確認を任せることなどが，係活動にふさわしいのか考える必要があります。

（多田　幸城）

学級会

学級会の位置づけ

学級会は、席替えをするためだけにあるのではありません。では、「学級会って何?」と聞かれたら、どのように答えますか。学級をよくするために話し合う場というのが、一般的な答えでしょうか。

では、頻度はどのくらいで開催しますか。生活目標と関連させることが多いため、毎月一回が平均的で、子どもから要望があれば随時開催したいところです。

教師はファシリテーター

学級会の司会進行は、学級委員の場合が多いでしょう。事前にどのように進行するのか、意見はどう集約するのかなどを、しっかりと打ち合わせておく必要があります。司会の定型文や、進行の流れ等を書面にしておくのもよい方法です。学級委員が困っている姿があったのなら、それは教師の責任です。

大切なのは、途中で教師が口をはさみすぎないことです。たとえまとまらなくても、学級会の時間は子どもに任せる。それくらいの覚悟が必要です。

決定の重要性

学級会で決定した事柄について、後から不満を言う子もいます。少数意見を大切に扱うことは重要ですが、決定事項は尊重されるべきです。子どもたちには、以下の約束を徹底します。

① 決まったことは守る
② 後から文句を言わない
③ 意見は、学級会で言う

学級会は、異なる意見をすり合わせて、調整することを学ぶよい機会です。しっかりとしたルールの上で、意見を交換する難しさと楽しさを感じてもらいたいです。

学級会の概念図

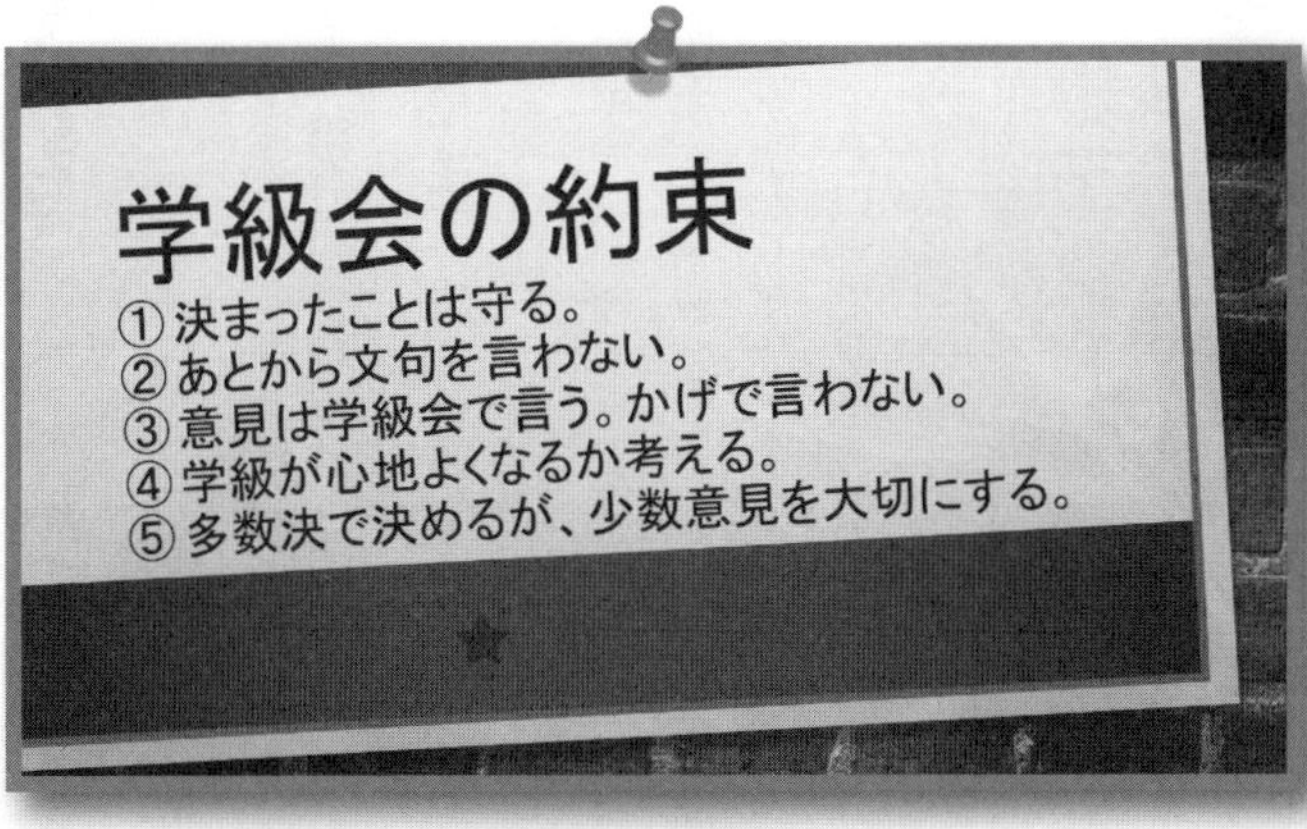

学級会の約束

働き方の「心得」

学級会で議題になることは，①生活目標の具体的取組，②児童会からの依頼を受けた事柄の意見集約，③学級レクリエーションの企画，④席替え等の日常の決定事項，⑤諸問題の解決が主なところでしょう。それらを，子どもの力でまとめるところに学級会の醍醐味があります。そのためには，低学年のころから学級会を開き，話し合いを経験させることが重要です。最初は教師が進行をしてもかまいません。学級会が成立するようになると，トラブルの解決も自分たちの力でできるようになってきます。焦らずに，じっくりと時間をかけて育てていきましょう。

（多田　幸城）

教室環境づくり

学校では、配付物がない日はありません。放っておくと教室は大量の紙、紙、紙！であふれかえります。美しい教室は紙が片づいています。まずは、大量の「紙」をどう扱うかが肝です。

ノート「も」開いて貼る

授業や家庭学習で子どもたちが一生懸命書いたノートを、教師の机の上に積んでおくのはもったいないです。そこで、見合える掲示物にしてしまいます。20㎝の「マグネットクリップ」（100円SHOPダイソー）は、ノート「も」開いて貼ることができる優れものです。

自分のプリントは自分で

授業中に使うプリントは前から後ろの人へ回していくことが一般的です。両手で「どうぞ」「ありがとうございます」と手渡していくと、教室の雰囲気が温かくなります。

それ以外の家庭学習やチラシ等のプリント類は自分でとるよう、ロッカーの上に並べます。実家庭数配付のものは変化をつけて「かご入り」にします。給食を下膳したら、配膳台から一方通行の動線で各自とります。そのため、ロッカーの上には物を置かない心がけが日常的に必要です。

紙を制する

「あまりプリントBOX」を設置し、教室のすべての紙が最終的に一か所に集まるようにします。

上の段は個人情報有（シュレッダーをかける）、下の段はそれ以外（リサイクルできる）に分けて入れます。

紙は「即・処分」なのです。

やっぱり必要だったときも、職員室で呼びかけると誰かしらは持っています。ほとんどの「元データ」がサーバー内に存在するからです。

どうしても保存しておきたいものは、スキャナでデータ化しましょう。

見る，見られる環境の中で，ノートのまとめ方も
他者を意識したものに変わっていく

給食を下膳した人から
プリントは自分でとる

「あまりプリント BOX」
「紙」を制する者が，教室を制す

働き方の「心得」

大量の紙をどう扱うか？　すべての教室に共通する課題ですが，学びたくなる教室環境づくりの答えは，目の前の子どもたちと一緒に探していく他に道はありません。学校によって建物の構造や備品，そこで学ぶ子どもたちの実態は実に様々だからです。「自分（たち）のことは，自分（たち）でやる！」この意識と行動を，教室環境をも駆使した日々のルーティンの中で育てていくことを大切にしています。

学びやすさや過ごしやすさを子どもたちと一緒に具現化していくことが，私たち教師の働きやすさにもつながるのです。

（鈴木　優太）

掲示物・学級文庫

掲示板・学級文庫が生き生きと機能している教室の子どもたちの表情は、とても明るいです。発信される情報に鮮度があるからです。

一方、画鋲で貼られたものが変色して背景と化してしまっている残念な教室もあります。画鋲は危険が伴い、教師しか貼り替えられない欠点に起因します。余裕のなさを象徴する落ち着かない教室であることも少なくありません。

教師だけが掲示板・学級文庫を管理するのではなく、子どもたちの手で更新できることが肝です。

磁石で毎日アップデート

等間隔に穴の開いた鉄製のプレート「曲板《まげいた》」（100円SHOP等で購入可）を画鋲で固定すると、磁石で貼れる掲示板になります。磁石は画鋲よりも素早く安全に貼れる点で優れています。子どもたちの手で更新できる「学習コーナー」と「係（会社）コーナー」になります。ラミネートした紙は「ミニホワイトボード」として書き消しができ、取り外しも移動も自由自在です。レイアウトの自由度も高く、情報発信を促すため、係活動の活性化に貢献します。

ブックスタンド

図書館や本屋さんに足を運んでみましょう。本を手にとりたくなるヒントがたくさん見つかるはずです。

ブックスタンドに立てかけた本は、特に目を引きます。読み聞かせをした絵本、並行読書、学習参考書…そして、子どもたちのおすすめ本など、旬な本を学級文庫のスタンドに立てます。司書の先生と仲良くなると良書が集まります。「曲板学習コーナー」に「マグネットクリップ」（重い本は2〜4つ使用）で本を開いて貼ることもできますよ。

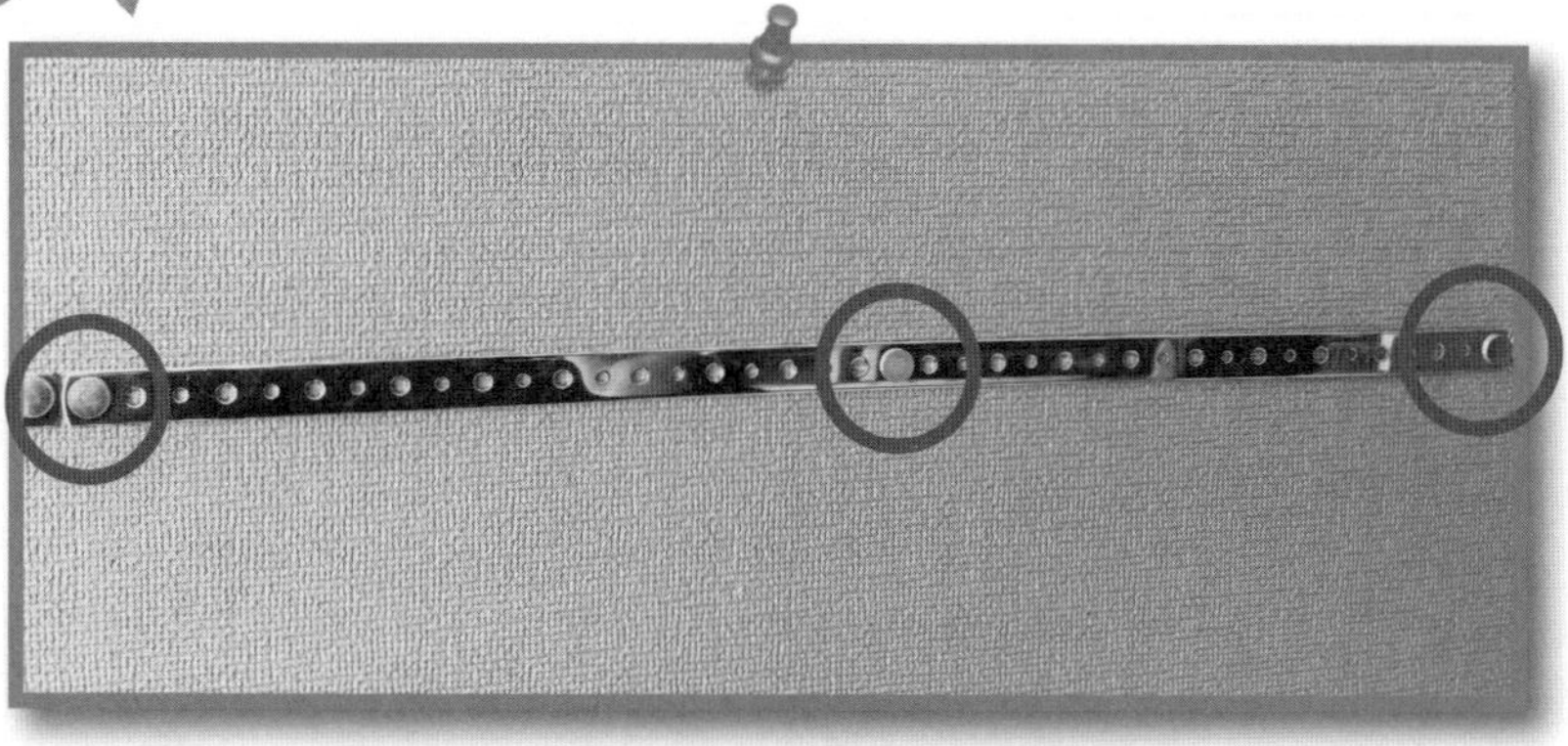

「曲板」の穴の部分を２～３個の画鋲で固定すると
「磁石」で貼れる掲示板に早変わり

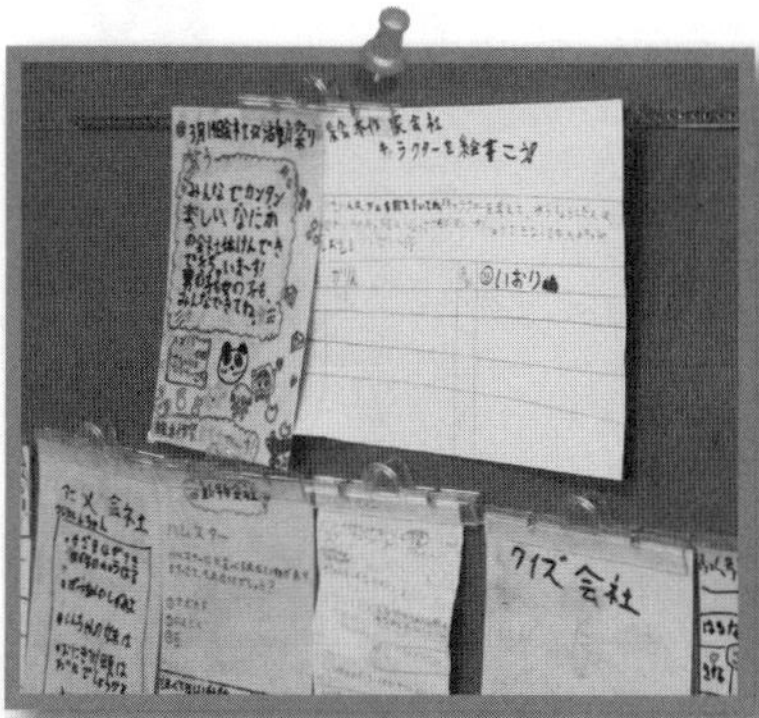

「曲板学習コーナー」
ひと工夫で子どもたちの手で更新できる

本を手にとりたくなる

働き方の「心得」

年1000の授業時間を一層充実させることに加え，「授業以外の時間」も子どもたちが学びに向かう掲示板や学級文庫で充実させましょう。朝や休み時間も知的な対話や交流が自然発生していたら大成功です。子どもたちが自らできることも教師ばかりで抱え込んで，忙しくしてしまっていることがありがちです。「自分（たち）のことは，自分（たち）でやる！」ためのアイデアやアイテムを収集できるアンテナの感度を磨きましょう。掲示物・学級文庫の工夫を見つけたら先輩にどんどん質問をするようにします。特に，日直で教室を回るときは絶好のチャンスです。

（鈴木　優太）

休み時間・放課後

忙しそうな先生ほど、休み時間も放課後も丸つけに追われ、机上は物で乱れがちです。子どもたちと落ち着いて向き合うためには丸つけと、机上の物がないことが肝です。

始業前に家庭学習チェック

始業前に家庭学習チェックを完了すると、一日の中で丸つけの時間を工面する労力が必要ありません。自己採点や友達採点を習慣化します。「家庭学習ラベル」（左ページ参照）を、同じ色が5人分揃っていない色だけ番号確認し、未提出者に個別に声かけします。

何も置かない机だから

教師用机の上は、何も置かない方が仕事が早くなります。机上の提出物や付箋メモ等があれば、即片づけたくなるからです。物がなければ散らかることもありません。すっきりとした机から子どもたちをゆったりと眺めましょう。そして、何も置かないからこそ、休み時間は子どもたちの交流の場になるのです。教室には様々なカードゲームを取り揃えています。5～10分程度の短時間で決着がつくものが人気です。雨などで外遊びができない休み時間も落ち着いて過ごせます。

音声入力で振り返り

タブレットやスマートフォンの「音声入力」機能がとても便利です。放課後の5分間、その日見つけた子どもの素敵な変容を振り返って話します（名前等の個人が特定できる情報の入力は避けます）。話したことが瞬時に文字データに変換されます。データ化されたものはお便りや通信票などにも、二次利用することができます。手書きメモの整理にも役立ちます。

また、音声読み上げ機能も重宝します。過去のメモや本の内容を聞くことが、何かをしながらできてしまいます。

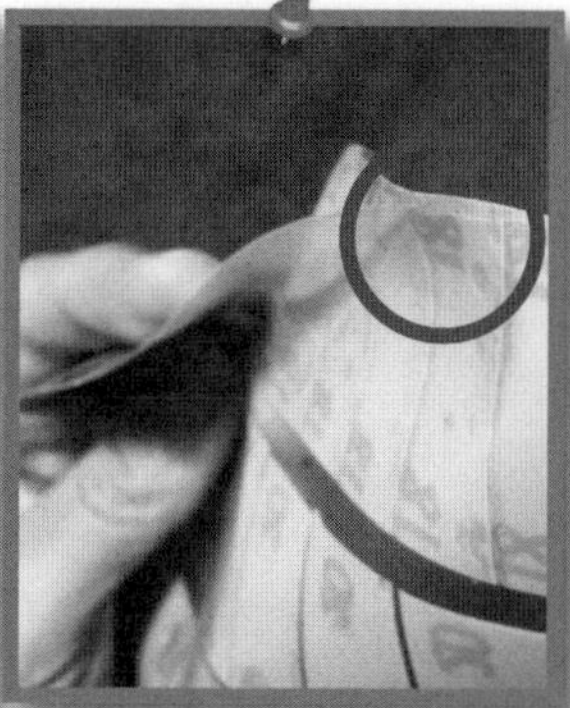

5人ずつ色を変え，4cm に切って
出席番号を書いたビニールテープ（家庭学習ラベル）

何も置かないから，
交流の場になる

日進月歩で精度が向上している
「音声入力」

働き方の「心得」

「家庭学習ラベル」はつくり貯めし，クリアファイルに貼っていつでも取り出せるようにしています。作成時は，「ちょこっと」ビニールテープを重ねることでカッターマットからクリアファイルへの貼り替えが格段に高速化します。「ちょこっと」先の方をクリアファイルから出しておくことで劇的に剥がしやすくなります。

この，先手の「ちょこっと」が後々効いてくるのが教育の仕事です。

「ちょこっと」の積み重ねで時間はつくるものです。子どもと向き合う時間がないと嘆く前に，やれること・やめることがあるはずです。

（鈴木　優太）

運動会

真似る

団体演技に徒競走、団体競技にリレー走など、指導すべきことが盛りだくさんで不安だと思われている皆さん。ご安心下さい。運動会のような大きな行事ならば過去の映像やデータが必ず学校に保管されています。大きな変更がない限りは、入場から退場、競技の方法は同じでよいはずです。映像を見て、きちんと真似ることを意識しましょう。種目によって練習期間が異なるため、期間に合った内容と指導計画を立てることをお忘れなく。

講習会に参加する

上記に挙げた種目の中でも、団体演技の演目作成には時間がかかります。作成の方法を2つに分けて紹介します。

1つ目は、民間団体が主催する講習会に参加する方法です。よいところは、使用する道具や曲、フリのすべてを教えてくれるので、一から考えなくてもよいという点です。カウント表（左ページ参照）が付属されている場合が多く、そのまま印刷して子どもや先生方に配付すれば、演技の具体的なイメージを共有することができて便利です。

オリジナルダンスをつくる

2つ目は、自分でオリジナルダンスを創作する方法です。作成の手順は様々ですが、工程としては、「選曲」「使用する道具を考える」「振りつけ」「カウント表作成」の4つがあります。この中で時間がかかるのが「振りつけ」です。メインとなるフリを一から考えようとすると大変です。夏休み前から流行っているダンスやCMで話題になっているフリ等、使えそうな動きがないか、あちこちにアンテナを張っておくとよいでしょう。

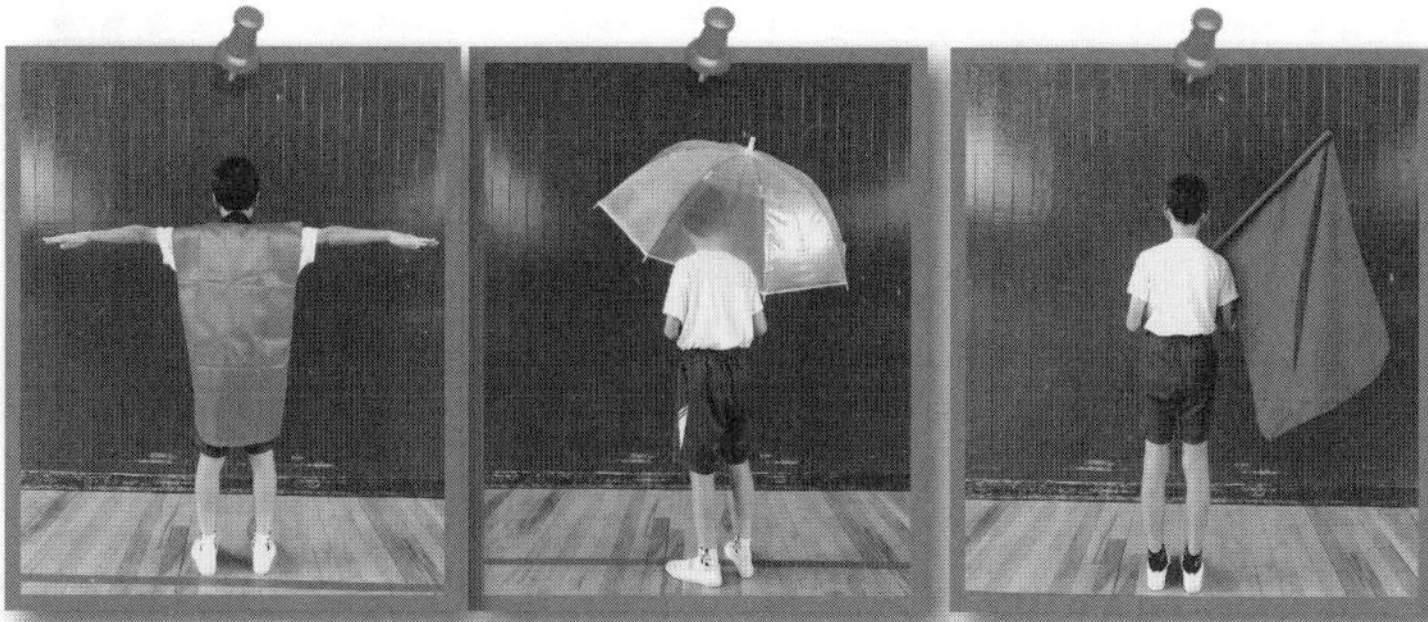

使う教具は子どもたちの動きが映えるようなものや大きく見えるものに！

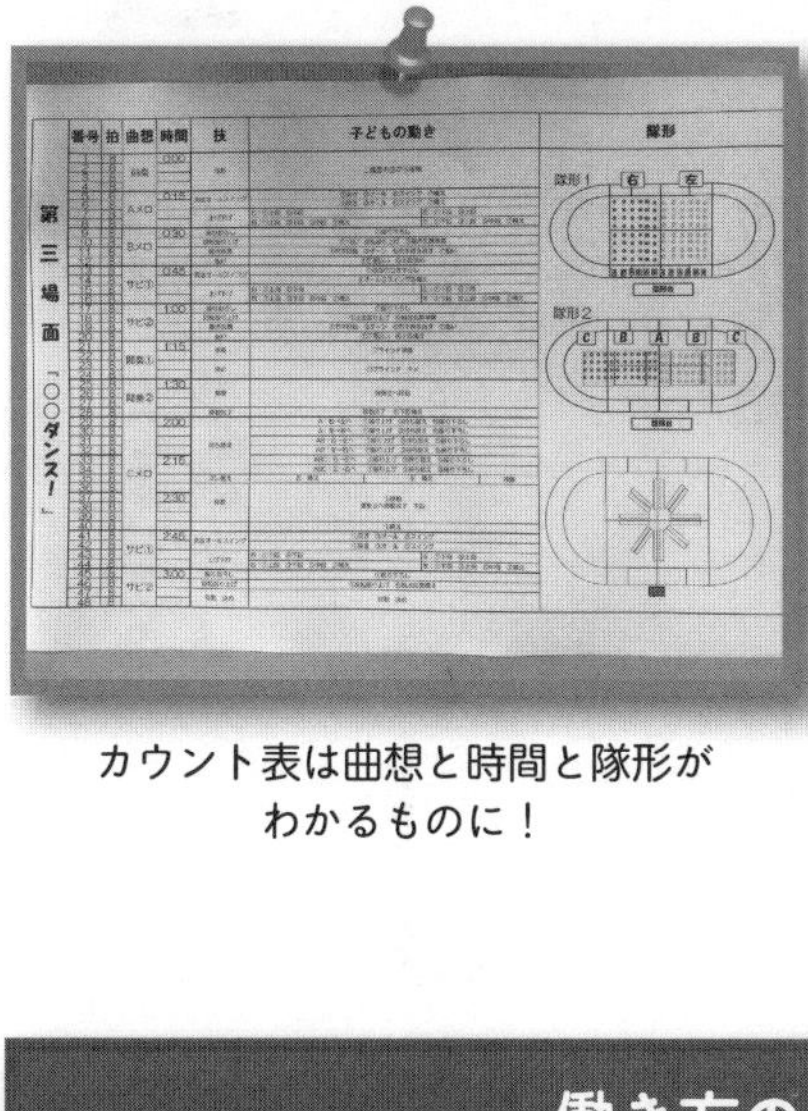

カウント表は曲想と時間と隊形が
わかるものに！

フリは子どもにとってわかりやすく，
楽しいものに！

働き方の「心得」

苦戦を強いられる団体演技の指導。何事もそうですが，０から１を創り出すことは至難の業です。しかし，１あるものにアレンジを加えて２や３にすることは比較的簡単です。同じフリでも使う道具を変えたり，隊形を変えたり，タイミングをずらしたりすることで見栄えがまったく異なるものになります。また，１つの場面を子どもたちに考えさせても面白いかもしれません。「自分がつくらなきゃ」ではなく，あるものを活用し，子どもや同僚の力を借りながら，「みんなで団体演技を完成させるんだ」くらいの気持ちで心と時間に余裕をもって取り組んでみましょう。

（日野　英之）

学習発表会・学芸会

脚本づくり

劇と言えば、脚本。脚本がすべてだと言ってもよいくらいです。しかし、「何かのモノマネは嫌。脚本はオリジナルのものをつくりたい」となると、手間と時間がかかってしまいます。時間を割いた割には内容が…ということにもなりかねません。そこで、絵本の活用をおすすめします。きちんと保障されたストーリーに学級の実態に合わせた少しの脚色を加えると、結果的に優れたあなただけのオリジナル脚本ができあがります。

配役

台本をもらい、ただセリフを覚えるだけの作業は学習とは言えません。私の場合は一つの役に複数人を配置し、グループ学習を進めていきます。考えさせる観点は次の3つです。

① セリフの言い回し
② 衣装制作・企画
③ 音響・照明

役別に考えさせるのもよいでしょうし、①②は役毎で、③は場面毎で、とグループのメンバー構成を変えてみるのもよいでしょう。様々な仲間との対話を通して、学級の絆も深まります。

指導計画

時間を有効に活用するため、次の手順で指導を進められるとよいでしょう。

① 通し練習（スタンバイ位置・舞台に出るタイミング・立ち位置）
② グループ毎による練習（上記内容）
③ 本番舞台での通し練習（声の大きさ、機材の取り扱いの確認）

大まかな流れをつかませ、細部の指導はあちこちで同時に行われているグループ練習の場で行います。子どもたちが手持ち無沙汰になることなく、効率的に進めていくことができます。

同時に練習を進め，効率のよい時間の使い方を

セリフの言い回し等は
グループ学習で

脚本づくりを子どもに任せる方法も

働き方の「心得」

決められたセリフ，演出を「こなす」のは子どもにとって面白くありません。私は脚本・台本作成は教師，演出や舞台の使い方は子ども，という分業制を敷くことを心がけています。ただし，ポイントを押さえるために「この場面でお客さんを２回笑わせて」や「ここで観る人の目に涙を浮かばせて」等の課題は与えます。子どもなりに一生懸命に考え，何より楽しみながら取り組んでくれます。教師と子どもの仕事を分けて，文字通り「みんなでつくり上げる学芸会」にすることで楽に楽しく，かつ友情や絆などたくさんの副産物が生まれる取り組みになることでしょう。

（日野　英之）

遠足

合図をつくる

普段と違い、枠のない屋外での活動。思っている以上に声は通らず、また子どもたちのテンションの高さも相まって、指示が通りづらい状況となります。状況を想定して、役割や合図を決めておくとよいでしょう。例えば、整列の場面では、先頭の子が人数確認をする。確認が終わったら体育座りで前から順に座っていく。先生が両手を上げたら注目、グーにしたら水分補給等、役割や合図を決めておくことでスムーズな集団行動ができるようになります。

マナーはゲーム形式で指導

遠足では、電車やバス等の交通機関を利用することもあるでしょう。「他のお客様に迷惑をかけてはいけません」と伝えたところで、かけてしまうのが子どもの性です。そこで指導に「ゲーム性」を取り入れてみましょう。チェックリストに当てはまる行動ができていれば1P、できていなければマイナス1P等とし、合計点の高いグループや子どもを表彰しましょう。教師が叱らず、子どもは楽しみながら公共ルールを身につけることができます。

学級の実態チェック

解放感に満ち溢れた屋外活動だからこそ、子どもたちの素の姿が現れます。次の2点に留意し、学級の状態をチェックする機会にしましょう。

・昼食や自由時間のメンバー構成
・集合写真の表情

孤立を防ぐためにグループをつくってしまうと子どもや学級の素の状態がわかりません。素の行動、表情が現れるように必要以上のグループはつくらず、子どもの姿と向き合い、実態把握に努められるとよいでしょう。

写真とグループの様子で学級の状態をチェック

チェックシートで互いを見合いっこ

合図でスムーズな集団行動

働き方の「心得」

バス座席やグループを決める際に必ずと言っていいほど起きる「もめ事」。解決に時間を割かれてしまう教師は多いのではないでしょうか。かと言って，すべて自由！としてしまうと収拾がつかなくなってしまいます。そこで，私は「座席は活動班で。ただし枠の中ならば席は自由ね」や「活動はグループで。ただし○○の間は自由行動ね」等といった“枠の中の自由”を設定します。少しの自由が子どもたちに安心感をもたらすのか，座席やグループ決めでもめることはありません。子どもたちが楽しみにしている校外学習です。取り組みの過程も大いに楽しませたいものです。

（日野　英之）

子どもとの出会い方

最初のあいさつでつかむ

あいさつは「つかみ」。軽く笑いをとりたいところです。実際の台詞を紹介します。「皆さん、はじめまして。6年○組担任の松尾英明です。担任発表のとき、歓迎してくれた人？　ありがとう。何ていい人たちでしょう。うれしくて涙が出ます。ちょっと心配になった人？　気持ちはよくわかります。これから安心させますから御期待を。『え～!?』と思った人？　正直すぎます」やりとりを楽しむ空気づくりが大切です。まずは出会いの緊張と期待で固まった空気を教師から動かします。

自己紹介クイズでつかむ

あいさつの後、左ページに示す「自己紹介クイズ」を配付します。

○×をつけた後、挙手確認&正解を告げるという流れを繰り返します。これは自己紹介をしているようで、実は担任としての方針を示しています。この例では「人間、苦手なことがあっても大丈夫」「掃除も歌も一緒にがんばろう」「わからないときは周りと協力して、どんどん間違えよう」「たくさん遊ぼう」「素直が一番」です。「楽しさ」の要素をもつゲーム感覚で、方針を伝えることができます。

子どもの名前を呼ぶ

自己紹介の次は、次のように子どもたちの名前を呼びます。

「これから名前を呼びます。みんなにも先生の名前を読んでもらいます。返事は『はいっ松尾先生』とはっきりと。『はい』の後の『っ』がポイントです。（「はいっ」と板書）ではいきます。○○さん。（目の前へ行って握手）よろしくね。ピアノが得意だってね。…」前担任からの引継ぎがあれば一言添えます。子どもの名前は読み方が独特で難しいものが多いので、名簿に振り仮名をつけておきます。

自己紹介クイズ！

出題者　６年２組担任　松尾英明

氏名　　　　　　　　点

次のことは本当かうそか？ ○か×を「予想」のらんに書きましょう。当たるかな？（１問10点）

問題	予想	正解
1. 私は，文字を書くことが得意《とくい》だ。		
2. 私は，しっかりしており，忘れ物などはほとんどしない。		
3. 私は，小学校の頃，成績優秀で勉強が得意だった。		
4. 私は，けっこうきれい好きで，掃除が好きだ。		
5. 私は，歌を歌うのが好きで，よく歌う人が好きだ。		
6. 私は，授業中周りの人の答えを見たり聞いたりすると注意する。		
7. 私は，授業で間違った答えを言う子どもが嫌いだ。		
8. 私は，毎日休み時間にみんなと遊ぶのは面倒くさいと思っている。		
9. 私は，子どもも大人も素直なことが一番大切だと思っている。		
10. 私は，６年２組を日本一の最高のクラスにしたいと思っている。		

６年２組をこんなクラスにしたい！

問題：学校は，何のために来るのか？

自分なりの答え

担任としての考え

自己紹介クイズの例

Check Point

☑最初のあいさつでつかむ！

あいさつはユーモアを交えて，安心感を与えるものを。自分から，期待に満ちた前向きな気持ちを伝える。

☑自己紹介クイズを用意！

クイズを通して，自分自身のことを伝えるだけでなく，学級担任としての願いを盛り込んで伝える。

☑子どもの名前を呼ぶ！

たかが呼名と侮るべからず。名前を呼ぶのは信頼関係の第一歩。振り仮名をつけて，練習して，確実に呼ぶ。

働き方の「心得」

学級のスタートは，担任との出会いであり，子ども同士の出会いです。前年度までの不安がある子どもたちは，果たしてここまでの関係をリセットしてくれる担任かどうか，祈りにも似た思いで期待をかけています。これは実は，ここまでいじめをしてしまった子ども，学級を荒らした中心と言われてきた子どもも同様です。仕事は，スタートダッシュが勝負です。一番労力がかかる分，返ってくるのも大きい部分です。一手間二手間かけて，十分に準備をして臨みましょう。ここで一気に加速し，上昇気流に乗れれば，その後の様々な仕事がスムーズになります。

（松尾　英明）

注目のさせ方・まとめ方

真面目を優先する

注目させたいのに、騒いでいる子どもが多くて、なかなか話し始められないという状況は多いもの。このときにこちらが優先すべきは、「真面目な子ども」です。つまり、周りが騒いでいるにも関わらず、教師の話を聞こうと姿勢を正し、じっとこちらを見つめて、黙って待っている子どもです。この子どものために話すのです。

注目させたかったら、この注目している真面目な子どもに対し、にっこり微笑むだけでもいいので、「認めているよ」のメッセージを発しましょう。

真似する子どもを認める

真面目な子どもを認めていると、その周囲の子どもがそれに気づき始めます。ここを認めていくのが、注目させるための第二段階です。

「気づけましたね。仲間のいい行動を素直に真似できるのは素敵ですね」とよい行動に気づいて真似できたことを認めていきます。このときも、努めて穏やかに、笑顔で話しかけます。そうすると、教師に注目し始めている子どもは、何と言っているのか気になります。やがて、周囲の子どもに注目するようジェスチャーしてくれます。

静けさをつくる経験をする

やがて静かになったら、次のように言ってみましょう。

「〇〇の音を聞いてみよう」

「〇〇の音」に入るものは、虫の声でも、風の音でも、雨の音でも、音楽室の歌声でも構いません。全員で静かに耳を傾けるという経験が大切です。

「静けさ」の中は教師に注目しやすく、どの子どもにとっても学習しやすい環境と言えます。「静けさをつくる」という体験を一度でも全員で共有し、よさを体感することで、次からの注目が早くなります。

真面目な子どもを笑顔で認める

大人数で静けさを体験

Check Point

☑真面目な子どもを最優先・最優遇する！

騒ぐ子どもについ注目しがちですが，それは大間違い。報酬は，真面目な子どもへ。

☑よい行動を素直に真似する子どもを見逃さない！

集団で学ぶ意義は，仲間の姿から学べること。「学ぶは，まねぶ」。真似を推奨します。

☑「静か」とはどういう状態か，全員でよさを体験する！

「静かにしましょう」の意味がわかっていません。静かを体験し，実感・体感させます。

働き方の「心得」

注目しないと，話が聞けない。内容が入らない。このことによって最も不利益を被るのは，子ども自身です。逆に，静かな環境で，落ちついてゆったりと話を聞けたら，とても心地がよいもの。子どもがそういうプラスの体験を多くすれば，次からは教師に注目しようと思うものです。

また，子どもが注目し，まとまる最大の要因は，実は教師自身。「この先生はためになる話をしてくれる」「短く，わかりやすい話をしてくれる」という認識が子どもの中でなされれば，自ずと注目が集まるようになります。テクニック以上に，常に短くよい話をすることを心がけましょう。

（松尾　英明）

ほめ方・叱り方

ほめると叱るの本質は同じ

まず前提として、ほめることも叱ることも、その本質は同じということを押さえて下さい。どちらも、望むと望まざるとに関わらず、子どもを心理的に「操作」してしまう働きであり、上下関係の上で成り立つ行為です。子どもにとっての「劇薬」でもあります。そういうある種のおそれをもった上で、慎重に用いて下さい。

世間では「ほめるは○で叱るは×」というような誤った認識がありますが、どちらも同種の効果の出る別アプローチです。この前提が大切です。

ほめるは自信がない子へ

ほめるという行為は、劇薬です。効果のある分、中毒性があり、やりすぎると子どもは親や教師にほめられるために動くというようになります。それは、主体性と真逆の方向です。

特にほめた方がいい相手というのがいます。自信のない子どもです。病気で苦しんでいるから薬で治療するイメージです。マイナスの状態を0に戻すために、ほめるという劇薬を用います。

ほめるときはその根拠はいりませんが、自分自身がいいと思い込んで、それを素直に伝えることがポイントです。

叱る前はステップを踏んで

ほめることが最大に作用するのは、実は裏で叱ることが最大に作用している状態のときです。例えばスポーツの世界では、普段厳しいコーチに、たまにほめられるからこそ、最高にやる気になるという面が確実にあります。

叱るときには注意がいります。それは、然るべくして叱るということです。ステップを踏むこと。具体的には、未知のことに対してはまず教えるで、またやったら注意で、最後が叱る。短く、何がいけなくて、どうしてほしいかを端的に伝えましょう。

自信がない子をほめる

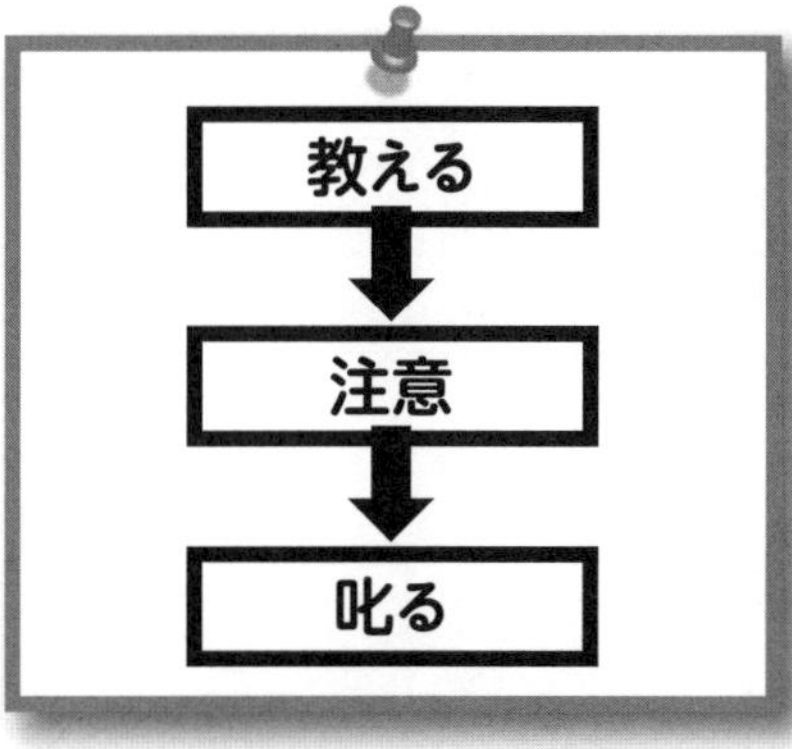

叱るまでのステップ

Check Point

☑ほめる，叱るで操作しない！

ほめることも叱ることも子どもを自由に操作してしまう働き。劇薬だと思って慎重に扱うべし。

☑自信がない子をほめる！

ほめるのは，自信がないマイナスの状態を0に戻すため。ほめるときには，自己暗示をかけるつもりで心から。

☑叱る前は，ステップを踏む！

教えてもいないことを叱るのは横暴。最初は教える，次は注意，それでも聞こうとしないときに，初めて叱る。

働き方の「心得」

ほめる，叱るは，その目的と用法・用量に注意が必要です。子どもをよくすることが目的のはずです。それなのに，単に教師の都合のいいように操作したいだけではないのか，よくよく自問した上で用いる必要があります。再三書いたように，子どもをよくするための行為が，逆に子どもを悪くするということもあり得る「劇薬」なのです。また，使う相手の特性も無視できない要素です。ほめられて励まされる子どもなのか，調子に乗ってしまう子どもなのか。叱られて，やる気を出す子どもなのか，凹む，反発するだけなのか。そういったことを見極めた上で使いましょう。

（松尾　英明）

ケンカの解決

ケンカは大人が解決しない

先に結論から述べると、子どものケンカを大人が解決しようとしてはいけません。それは、成長の機会を奪っていることになります。子どもはケンカをして学びます。例えば兄弟ゲンカ一つでも立場の違いや力の差、それに応じた譲歩の方法について学びます。大人が割って入ったら、力がつきません。

ただし、これがいじめに関することなら話は別です。放っておいたら、自分たちでは解決できなくて、悪化します。いじめと判断できそうなら、迷わずに間に入って双方を守りましょう。

事実確認のみを行う

放っておいてはこじれそうなケンカに際しては、間に入って話を聞いてあげます。役割はインタビュアーです。このとき行うのは双方の「事実確認」のみ。つまり聞くのは「何をしたか」と「何をされたか」これだけです。

ここでやってしまいがちなのは「なぜやったのか」という理由について聞くこと。これをやっていると、双方の言い訳と行動の正当化が山ほど出てきます。何年も前のことをもち出し始め、やったやらないの無駄な水かけ論が続き、時間が何倍もかかります。

解決の仕方を学ばせる

双方の話を聞いたら、次に確認するのは「何が嫌だったのか」「どうしてほしいのか」です。つまり、双方の問題点の把握と納得解のすり合わせです。解決の仕方を学ばせるのです。

一連の流れの中で終始大切なポイントがあります。それは教師が「ジャッジ」しないこと。裁判官になるのではなく、あくまでインタビュアーに徹します。そうしないと、何でもすぐに教師に頼って解決してもらおうとするようになったり、人のせいにしたりする子どもに育ちます。

Check Point

☑ケンカを教師が解決しようとしない！

ケンカは学びと成長の大きなチャンス。介入すべき「いじめ」とは区別しましょう。

☑事実確認は淡々と！

「何をしたか」「何をされたか」の事実確認は，どうしても教師も感情的になります。意識的に淡々と行います。

☑裁判官にはならない！

ケンカの間に入る際の意識は常に「インタビュアー」で。教師がジャッジすると，依存と他責を学ばせてしまいます。

働き方の「心得」

一番難しいのが「ケンカといじめの区別」かもしれません。文部科学省の定義によれば「一定の人間関係」の上で「心身の苦痛を感じている」のならばいじめということになります。これに則れば，いじめと定義される場合でも，双方が同様に感じているケンカということもあります。そうであるならば，教師が全部解決してあげるよりも，先にあげたような方法で上手に介入し，自分たちで納得のいく解決に導く方が上策です。

ケンカを面倒だと思ってはいけません。問題解決を学ぶのには最適な課題であり，長期的に見て学級経営が楽になる「チャンス」です。

（松尾　英明）

いじめの防止

いじめは起きる前提で

いじめのない学級。大変理想的ですが、現実はそうはいきません。それが実現するなら賢い大人の社会にもいじめはないはずです。わかると思います。

どんなにうまくいっているようでも、いじめは起こり得るという心構えが大切です。それを発見する努力や仕組みが必要です。いじめが起きないことよりも、いじめが早期に発見され、適切に解決できる集団に育つことこそが大切です。失敗は起きます。失敗が起きる前提で、発見システムをつくり、問題解決集団にしていきます。

いじめ発見手段を複数もつ

いじめを発見する手段をたくさんもっておきます。具体的には「いじめアンケート」「お悩み相談箱」のような紙面による発見。「個人面談期間」のような話せる場の設定。これらが仕組みづくりです。

次は、周りへのお願い。子どもにも保護者にも、気になったらすぐ伝えてもらうようお願いしておきます。

最後が、担任自身による観察。特に休み時間と登下校時に、一人ぼっち、あるいはいじめられている様子がないか、鋭い視点をもって観察しましょう。

話は個別に聞く

当たり前ですが、いじめは子ども同士の問題です。子どもたちで話し合って解決できる方が上策です。

しかし、原則としてやってはいけない方法があります。それは、関係者の子どもを一同に集めて、話を聞くこと。この方法がなぜまずいかは、いじめられた経験のある人ならわかるはずです。「いじめられた子」対「集団」になり、本音が言えません。いじめた側が密かに睨んでいるときもあります。話を聞くなら、必ず個別で。いじめ解決に介入する際の原則です。

いじめはいつでも起き得る！

議題箱を活用した「お悩み相談箱」

Check Point

☑いじめはいつでも起きるという前提で観察する！

いじめが起きないという理想状態を妄信せず，起き得るという視点で観察すべし。

☑いじめ発見手段を常に複数設定しておく！

いじめ発見システムを学級経営に組み込むこと。その上で周囲の助けと観察を。

☑いじめの話は個別対応！

いじめに関しては，いじめられている側を守るのが第一義。個別に話を聞き，方策を決めた上で解決へ導きます。

働き方の「心得」

いじめ対策。教師として最も重要にして大きな仕事の1つです。絶対に放置してはいけないし，「知らなかった」ではすまされません。発見自体が職務上の重大な責務です。これには，情熱だけでは対応できません。まずは，なるべく早期に発見できる仕組みをつくること。アンケート等は，定期的に行いましょう。この一手間が，結果的に大きく後々の手間を減らします。さらに，発見しやすい，いじめが起きにくい集団に育てること。この上で，担任が相談しやすい雰囲気をつくり，かつよく見ているというような担任自身の在り方が大切になります。本気でやりましょう。

（松尾　英明）

子どもとの距離のとり方

「信・敬・慕」の距離感

国語と道徳教育の大家である野口芳宏先生は、教育が成立する条件は「信・敬・慕」であると仰っています。つまり、信頼され、尊敬され、慕われる人物たること。これこそが、教師に求められる人物像です。

教師は子どもを管理・支配するためにいるわけではないし、友達になるためにいるわけでもありません。教える・教わるという関係性を築くためには、適切な距離感というのがあります。ここを勘違いして、近すぎたり離れすぎたりすると、教育が成立しません。

信頼・尊敬を築く

信頼されるためには、文字通り、

「信」＝言葉と人物が一致する

「頼」＝頼りになる

と思われるようにすることです。つまり、約束を守るとか、指導したことを自分も実行しているとか、いじめから守ってくれるといったことです。子どもは口先でなく、背中で信頼します。

尊敬されるためには、やはり授業です。学力がつき、学ぶことが大好きになる授業。これは、1年目の皆さんにとっては、一番の難関です。時間をかけて探っていって下さい。

親身になって慕える関係を

子どもが教師を慕うようになるには、子どもと同じ目線に立つ機会を多く設けることです。ずばり、休み時間には一緒に遊ぶこと。お喋りのような他愛のない話をたくさんすること。そして、一緒に笑ったり泣いたりすることです。

休み時間は、暑くても寒くても、一度は外に出て一緒に遊ぶと決めてしまいましょう。また、室内に残っている子どもも見逃さないこと。子どもたちの好きな漫画やアイドルの話の中にも、子ども理解のヒントが溢れています。時間を設けて、積極的に関わります。

Check Point

☑「信頼・尊敬・慕われる」を目指す！

教師と子どもは，教える・教わるの関係。教育が成立する距離を意識しましょう。

☑信頼・尊敬のカギは，誠実な行動とよい授業！

どんなに口先で立派なことを言っても，子どもは見抜きます。誠実に修行あるのみ。

☑慕われるには人間性が命！

子どもが慕ってくるのは，その人間性に惹かれるから。友達や家族とは違う，教師ならではの親しい関係性を。

働き方の「心得」

「信・敬・慕」は教育を成立させるための手段であり，それが目的というより，結果的にそうなると言ってもいいかもしれません。子どもは「立派なことを言っているが，先生はできていない」ということを見抜きます。普段の生活でしている，何気ない口約束やルールなどを教師自身が守っているかが問われます。尊敬は，自分を伸ばしてくれると思われること。教師の高い専門的知識や技能が，ここで役に立ちます。休み時間には，存分に遊んだりおしゃべりを楽しんだりして，関係性を築いていきます。日常がすべてです。背中で伝える教師になりましょう。

（松尾　英明）

管理職との関係づくり

固有名詞と役職で呼ぶ

教育現場では、管理職を呼ぶとき、「校長先生」「教頭先生」というように役職で呼ぶことが通常です。私は、「田中校長先生」「山本教頭先生」というように、固有名詞と役職で呼ぶことをおすすめします。もちろん、他の先生方も「上田先生」というように固有名詞で呼びます。子どもたちにもこのように指導します。個を大切にしたいという思いからです。役職だけで呼んでいると、「本校の校長先生は、何という名前だったのか？」ということにもなりかねませんよね（笑）。

管理職と積極的に面談する

職場では、管理職との面談があります。学校の教育目標や経営方針を受けて、設定した自分の目標について、進捗状況を伝えて指導を受けるものです。

授業や学級経営、校務分掌ごとに、何をどのような方法で実践しているのか自分の言葉で話すことが求められます。質問された場合には、きちんと答えなければなりません。通常、学期に1回でしょうが、自ら望めば短いスパンでいろいろな形態で指導を受けることができるでしょう。授業や学級を参観していただくのです。

一生の師と仰ぐには自分次第

管理職と教職員との関係を、学級担任と子どもとの関係で捉えてみましょう。「〇〇先生」と積極的にコミュニケーションをとってくる子どももいれば、そうでない子どももいます。教職員にもいろいろなタイプがいて当然のことです。無理強いはしません。

「明日、少し工夫した授業を行います。導入だけでも見ていただければうれしいです」というように、積極的にコミュニケーションをとる方が、力量も上がっていきます。管理職との親近感も増してくるものです。

本校での自分の役割を自覚して実践していこう

学校のために
できることを考える

・学校の教育目標を理解する
・自分の得意を考える
・授業，生徒指導，校務分掌

↓

面談反省

・よくなったこと
・課題
・指導を受ける

↓

修正実践

・やる気
・目標の修正
・新たなチャレンジ

Check Point

☑学校教育目標を理解し，言えるようにする！

羅針盤の役割をする学校の教育目標です。学校がどんな子どもを育てたいかという根幹に関係するものです。

☑自分の本校における役割を理解し，実践する！

校長の経営方針を受けて，授業や生徒指導，校務分掌でいかに発揮していくか話し合うことが大切です。

☑身上について，何でも気軽に相談する！

管理職を恩師として慕い，気軽に何でも相談したいものです。

働き方の「心得」

管理職との良好なコミュニケーションをとることで，学校教育の達成に向かい，一人ひとりの教職員が働きやすい職場になっていきます。管理職との面談の折，「こんな授業をしたい」「こんな学級づくりをしたい」という自分の夢や目標を語り，進捗状況を伝えていきます。課題については，解決のヒントをいただくことができるでしょう。

管理職の言うことには，「イエスマン」になることなく，自分の意見をきちんと伝えることを若いうちから心得ておくことが大切です。これが管理職との良好な人間関係を生むことにもつながっていきます。

（藤本　浩行）

先輩との関係づくり

先輩教員に進んで質問をする

初任者研修担当教員、学年主任というように直接指導を受ける先輩教員がいます。授業だけではなく、教師としての立ち居振る舞い等、様々な指導を受けることになります。良好な関係を築いておくと、何倍も成果が上がってきます。

実際の授業や、子どもとの接し方等、直接見せていただく機会があることはありがたいことです。わからないことは、進んで質問をする方が、初任者だけではなく指導者にとってもよい勉強になります。

組織で動くことを忘れない

学校は組織で動いています。多くの学校の校務分掌は、「ツリー型」の組織になっています。

1年目クラブ活動の担当になったとします。その上には、特別活動の主任がいます。起案するときには、必ずその主任に目を通していただき、起案書に印をいただくことになります。事前の相談に加え、指導を受けることになります。このように、組織上の先輩がいることを忘れないようにしたいものです。自分一人で抱え込んでしまうと、決して物事はうまくいきません。

先輩にあこがれをもつ

授業案をもっていくと、忙しいのに仕事の手を休めて親身になって相談に乗ってくれたり、指導が具体的で代案を常に示してくれたりする先輩がいるでしょう。押しつけることもなく、関連する資料や本を貸してくれる先輩や、子どもたちからも慕われ人気者の先輩。職場にいるこんな先輩たちに目を向けて、「こんな先生になりたい」というあこがれをもちましょう。教師生活をする上で、あこがれは羅針盤の役目をしてくれます。積極的にコミュニケーションをとりたいものです。

あいさつの後に，一言添える
「プラスワン」大作戦

あいさつ
・あいさつは基本中の基本
・「いい天気です」
・「ずいぶん寒くなりました」
行動反省
・相手の目を見て
・行動をとめて
・机ごしではなく
人間味
・趣味も入れて
・今，熱中していること

Check Point

☑同じ目線の高さで，話を聞く！

相手が椅子に腰かけているとき，突っ立っていてはダメです。ひざまずきましょう。

☑指導を受けるときには，メモをとる！

あいづちを打ちながら聞き，疑問点があれば質問することも大切です。

☑あいさつ後の一言を添える！

「昨日はご指導ありがとうございました」など，「あいさつプラスワン」を通して，個人的なつながりを大切にしましょう。

働き方の「心得」

あいさつは，社会生活をする上での基本です。前日に授業を参観して下さった先輩には「おはようございます。昨日は，授業を参観して下さりありがとうございました」と一言添えます。逆の場合もあります。職員会議で意見が合わず気まずい思いをしているとき，思わず目を背けたくなっても，「おはようございます」と元気よくあいさつをし，もやもやした気持ちを吹き飛ばします。社会人経験があって，職場の先輩より自分の方が年上という場合があります。あれこれ考えることはあるでしょうが，職場では先輩であることをわきまえたいものです。

（藤本　浩行）

年代が近い教員との関係づくり

率直に話ができる

年代が近いと、気楽に話ができるものです。気の合う同期の教員は、いろいろな場で力になってくれます。職場が変わっても続く付き合いは、生涯の財産と言ってもよいでしょう。

最近では、SNSの発達で、瞬時に色々な情報を共有することができます。使い方を間違ってしまった場合には、思わぬ落とし穴もありますので、注意が必要なことは言うまでもありません。悪口や誤解を生むようなことは、ネット上でやりとりしないようにしましょう。

悪口、うわさの輪に入らない

「ねえ、聞いてくれる？　A先生ったら…」学校という閉鎖空間では、ささいな行き違いから、陰で悪口を言いたくなります。あるいは、うわさ話で盛り上がることがあります。

うなずいていては、同意したということになってしまい、相手に誤解されてしまいます。時に、自分の尊敬している先輩の悪口には、耳をふさぎたくなることがあります。このような輪には入らないに限ります。「用事があるから」と言って、その場から立ち去ることが賢明です。

高め合う集団を目指す

同年代ではライバル意識もあります。同年代の授業参観をすると、「自分も負けてはいられないぞ」という熱い思いがこみ上げてくるものです。

「この授業づくりの本、面白かったよ」「今度の日曜日、研究会があるんだけど、参加してみない？」など、授業を高める情報もあります。また、「日曜日、同期会があるんだけど、隣の学校のB先生も参加するよ」などというプライベートな誘いもあるでしょう。見聞を広め、人間性を高めるためにも、参加してみるとよいでしょう。

授業や学級づくりの力量アップ「ワン，ツー，スリー」

授業参観
・授業を公開
・学級だよりの交換
・「研修だより」の発行

↓

情報提供
・書籍の紹介
・研究会情報の発信
・ＳＮＳの効果的な活用

↓

同僚の輪
・研究会への参加
・異業種交流
・人間性の高まり

Check Point

☑情報をどんどん発信する！

研究会に参加すると，色々な情報が入ってきます。それらを発信していきましょう。

☑情報を受け入れて，整理する！

授業や学級づくりなどの様々な情報が入ってきます。情報を通して，同僚とつながっていきましょう。

☑うわさ話や悪口の輪に入らない！

ついついやってしまいます。「もし，自分だったら」という視点で考え，楽しい職場づくりに寄与しましょう。

働き方の「心得」

年代が近いと，遠慮なく何でも言えるという利点があります。同じ職場では，授業を参観し合うことも可能となります。悩みを相談することもあるでしょう。苦楽を共にする仲間がいるということは，一生の財産にもなります。私の知る若手教師に，１日に１授業の板書を撮影し，SNS のグループに発信して仲間と学び合っている方がいます。決して批判をしないことをルールにしているようです。時代とともに学びも変化してきて当然です。悪口を言ったり，足を引っ張り合ったりする集団にならないように，自分の目標を見定めていくことが大切です。

（藤本　浩行）

苦手な人との関係づくり

自分が嫌なら相手も嫌だと思え

「あの人は嫌だ」という原因は何でしょうか。「何となく」というものがほとんどなのでしょうか？

同じ職場で、人間関係がこじれてくると、教育効果も期待できません。昨今では、職場の上司や仲間を訴えるケースがあります。昔から「自分が嫌と思うなら、相手も嫌というように思いなさい」と言われてきました。露骨に無視されたり、陰で悪口を言われたりしているなら、上司に相談しなければなりません。そうでなければ、こちらは普通に接しておけばよいのです。

無理せず必要最低限で接する

「『気にしないで普通に接しておけばよいですよ』と言われても、具体的にはどうすればよいですか」と質問されたことがあります。

「あいさつをすること」「目をそむけないこと」ということです。努力できれば、「嫌いな相手のよい点を見つけるようにしましょう」と言います。しかし、こちらが努力したにも関わらず、やったことが裏目に出てしまうこともあります。「こんなことやるのではなかった」と落ち込んでしまいます。無理をしない範囲で努力しましょう。

嫌いな相手を人に公言しない

「私はAさんのことはどうしても苦手です」と、友達に公言したい気持ちになります。しかし、ここは我慢です。絶対にこんなことを言ってはいけません。「異動すれば一生Aさんとは会わないから」と言ってもダメです。どこで、どのように人はつながっているかわかりませんし、どこかで世話になるかもしれません。

同様に、他の同僚から嫌いな相手の悪口を聞いても、広めてはいけません。あなたのところでストップをかけましょう。

苦手な人への接し方チャレンジ「ワン，ツー，スリー」

普通の挨拶
・最低限のあいさつ
・目を背けない
・嫌いなことを公言しない

↓

書いて気持ちを整理する
・嫌な気持ちを紙に書く
・絶対に人に見せない
・紙をシュレッダーへ

↓

よいところを見つける努力
・苦手な人のよさ発見
・話してみる努力

Check Point

☑必要最低限度の立ち居振る舞いを欠かさない！

見るのも嫌かもしれませんが，あいさつだけは普通にしたいものです。

☑苦手な人の見方を変えてみる！

意外と苦手な理由が曖昧だったりするものです。見方を変えてみると，よいところが見つかることもあります。

☑陰口や悪口を言わない！

人はどこでどのようにつながっているかわかりません。陰口は，絶対に言わないようにしましょう。聞いた場合も，それ以上広めることは厳禁です。

働き方の「心得」

苦手な人は誰にでもいるものです。しかし，これを同僚に悟られないようにすることも大切なのです。仮に，あなたの学級で，子どもから「私は，Aさんが苦手です」という相談を受けたとします。このとき，担任として，「仕方がないこと」ではすまさずに，何らかのアドバイスをすることでしょう。自分の人間関係についても同様に，見方を変え，嫌いにならない努力を続けていくことは大切です。しかし，努力が裏目に出てしまうことも覚悟しておかなければなりません。最低限度，「普通に接して，あいさつだけはすればいいんだよ！」と思えばよいのではないでしょうか。

（藤本　浩行）

プライベートでの付き合い方

職場の輪をもつ

「運動会の打ち上げ」「授業研究会の打ち上げ」のような、職場の親睦のための会の責任者に、若手教師が指名されることがあります。親睦会は業務ではないとはいえ、半分は仕事の延長上のように感じ、「会場はどこにしようかな?」「あいさつや乾杯は誰にしてもらおうかな?」とあれこれ悩んでしまうところです。

ここは遠慮せず、同僚や先輩教師に、「このように企画したのですが、どうでしょうか」というように相談するとよいでしょう。

断ることも大切

「休みの日に、研究会に参加しませんか?」と誘ってくれる相手がいると、好意のつもりとわかっていても、休日まで業務の延長のように感じてストレスが溜まることがあるでしょう。

みなそれぞれの生活があります。「今度の休日は、のんびりしたい」と思っていたのであれば、お断りすることも大切です。気が乗らないままでの参加では、誘ってくれた相手にも失礼というものです。身体は一つしかありません。「ときめく」ものであれば参加すればよいのです。

私的な情報を公言しない

プライベートでも良好な人間関係をつくると、職場でも物事はうまく進むものです。だから、今でも職員旅行等を実施している学校があります。

プライベートで付き合いをすると、いろいろな情報が入ってきます。しかし、これをいちいち職場での話題にするのはよくありません。中には、これを嫌がる人がいます。プライベートを職場にもち込みたくないという人もいます。仮にあなたも、休日での過ごし方を職場での話題にされたら嫌な気持ちになるでしょう。それと同じです。

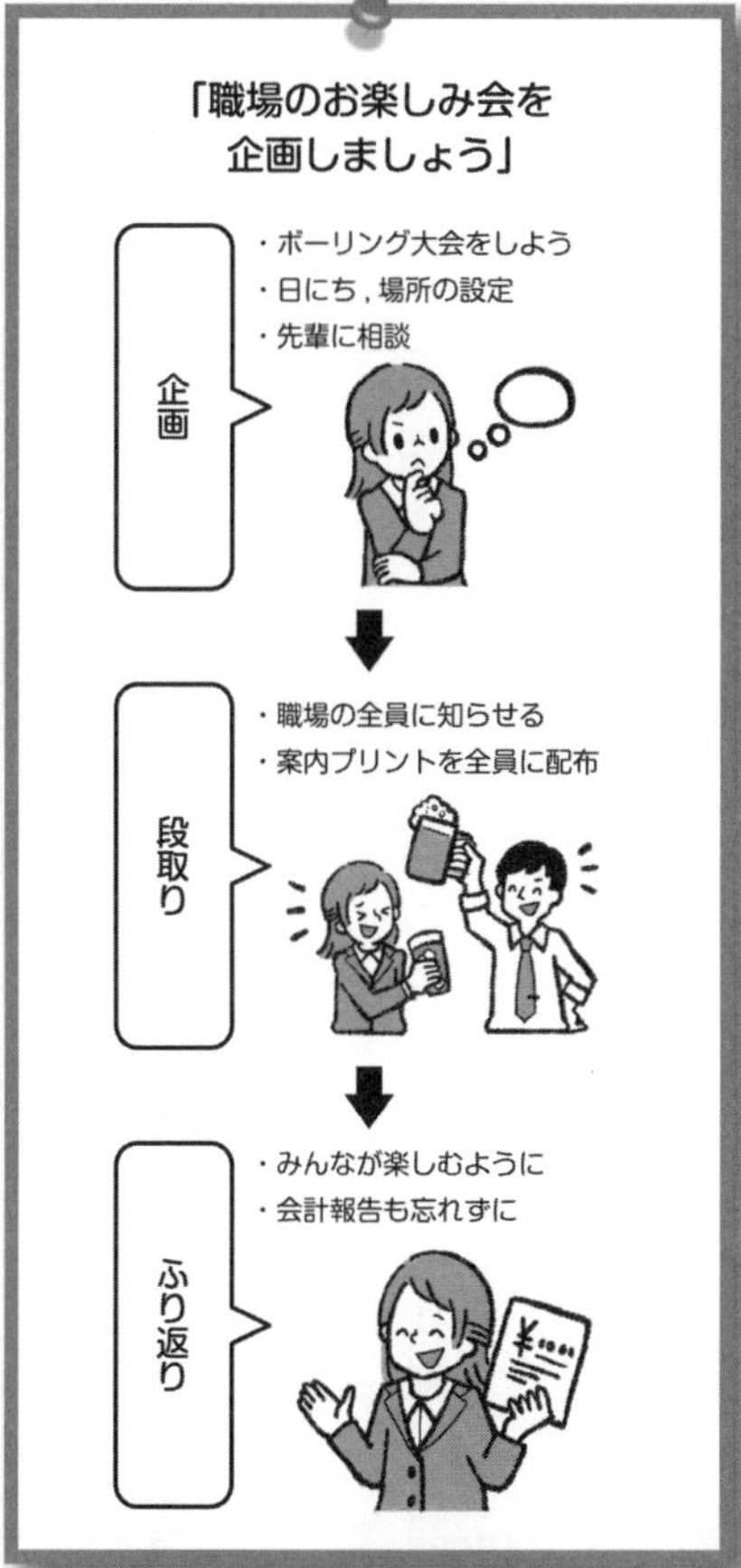
「職場のお楽しみ会を企画しましょう」
企画
・ボーリング大会をしよう
・日にち，場所の設定
・先輩に相談
段取り
・職場の全員に知らせる
・案内プリントを全員に配布
ふり返り
・みんなが楽しむように
・会計報告も忘れずに

Check Point

☑プライベートでは，職場以外の話題を！

せっかくのプライベートですから，職場の話はしないように心がけていきましょう。

☑異業種の人との付き合いに参加してみる！

教師の世界だけではなく，様々な人との出会いから人間としての幅を広げましょう。

☑プライベートで得た情報を職場で公言しない！

プライベートでの言動を職場にもち込まれると嫌な気分になることもあります。むやみに公言しないようにしましょう。

働き方の「心得」

働き方改革によって，生活すべてを仕事に捧げる「仕事人間」は望ましくないものとされつつあります。しかし，それでも職場とプライベートを完全に切り離して考えることはできないのが現状ではないでしょうか。習字やテニスなどの習い事を行ってプライベートを充実させると，人間としての幅も出てきて，教育という仕事にも広がりや深まりが出てくることは間違いありません。異業種の人との出会いによっても，見方や考え方が変わってきます。また，プライベートでの付き合いをすることによって，苦手だった先生の見方もきっと変わってきます。

（藤本　浩行）

信頼を生み出す関係づくり

迷ってないで電話する

電話するかしないか迷ったら「電話する」方を選びましょう。電話は苦手なので、連絡帳に逃げてしまうということはありませんか。管理職にも相談できるし、こちらの言いたいことも自由に書けるのが連絡帳ですけれど…。

私は今までに電話をしなくて後悔したことは何度もありますが、電話をして後悔したことは一度もありません。ちょっと面倒でも、揉めごとや苦情になる前に、こちらからたった一本電話を入れるだけで、円満解決する事例が多いのです。

こんなときは必ず電話

私が電話をする基準は次の通りです。

・怪我をした　怪我をさせた
・物を壊した　壊された
・物がなくなった　物を隠した
・泣きながら帰った

子どもが泣きながら家に帰ったときは、家に着く前に、学校でどんなことが起き、どんなことを指導したのか、一報を入れるようにします。子どもは自分の都合のいいように話し、聞き捨てならないと思った保護者から電話がかかってきます。そうして放課後の多くの時間をとられることになるのです。

うれしいお知らせは連絡帳

よい行いをした、頑張った等、うれしいお知らせも欠かさないようにしましょう。困ったことは、早い方がいいので電話をおすすめしますが、うれしいお知らせは連絡帳がいいと思います。

子ども自身も見て喜びます。遅くに帰ってきた保護者が見て癒やされることもあるでしょう。なるべくクラスの子全員に書いてあげるようにしたいものです。特に課題を抱えている子には、他の子には当たり前であっても、ほんの少しの成長を見つけて示してあげるだけで保護者はとてもうれしいのです。

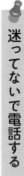

Check Point

☑迷わずに電話で一報を！

日中は仕事しているから出ないだろうと思っても，電話を入れます。着信記録を残すことが大事。

☑必ず関係者全員へ連絡を！

ケンカや怪我，いじめに発展しそうなこと等，相手がいる場合は，双方に連絡が必要です。謝りたいということでも，安易に相手の電話番号を教えてはいけません。相手に承諾を得てから教えます。

☑連絡帳は丁寧な文字で！

文字は心を表します。誠意が伝わります。忙しくても心をこめて。

働き方の「心得」

電話は億劫ですね。でも，「電話した方がいいかな？」とほんの少しでも頭をよぎったなら，電話すべきです。ここで電話してしまえば，保護者から感謝され，短時間で解決します。しかし，電話を躊躇すると，保護者からクレームの電話が来て，長時間付き合わされることになりかねません。「電話するは一時の恥，電話しないは長時間のロス」を胸に短期解決をしていきましょう。困ったことで電話するときにも，必ずその子のいいところやほめるべきことを2，3用意しておき，話の合間に伝えましょう。ぎすぎすしたまま終わらせないことも大切です。

（藤木美智代）

授業参観

見どころを示す

授業参観の流れと見どころがわかるように、保護者向け指導案を作成します。これを教室の入り口に置き、1部ずつとっていただきます。

兄弟がいる場合、2つの教室を行き来することになりますが、そんなときに、どのあたりで参観すればいいかわかります。また、どんなねらいで授業が進められているかがわかれば、後からほめる観点が保護者の方にもわかります。挙手して発表するだけでなく、他にもほめポイントを明記しておけば子どもの頑張りを見てもらえます。

秘密のハンドサイン

それでも保護者は、我が子が手をあげて発表しているところを見たいものです。そこで、アロハの形（親指と小指を立てて、残りの指は折る）のハンドサインを考えました。普段は、全員発言を目指すときに、「まだ当ててもらっていません。当てて下さい」という意思表示にします。授業参観では、「今、家の人が来たから当てて」「自信があるから、今、当てて」という秘密の意思表示に使うのです。アロハの形で手を振ることで、当ててほしいという強い意思表示になります。

感想をいただく

先に書いた保護者向け指導案の最後に、授業参観・懇談会に参加しての感想用紙を一緒にとじておきます。「できればお名前を」と記し、無記名でもいいことにします。最後に、「ありがとうございました。励みになります」と記しておきます。

大体の方は、よかったことを書いてくれますが、時には、批判もあります。それは反省材料としてありがたくいただきます。それにより、今後の授業参観の参考になることは間違いありません。

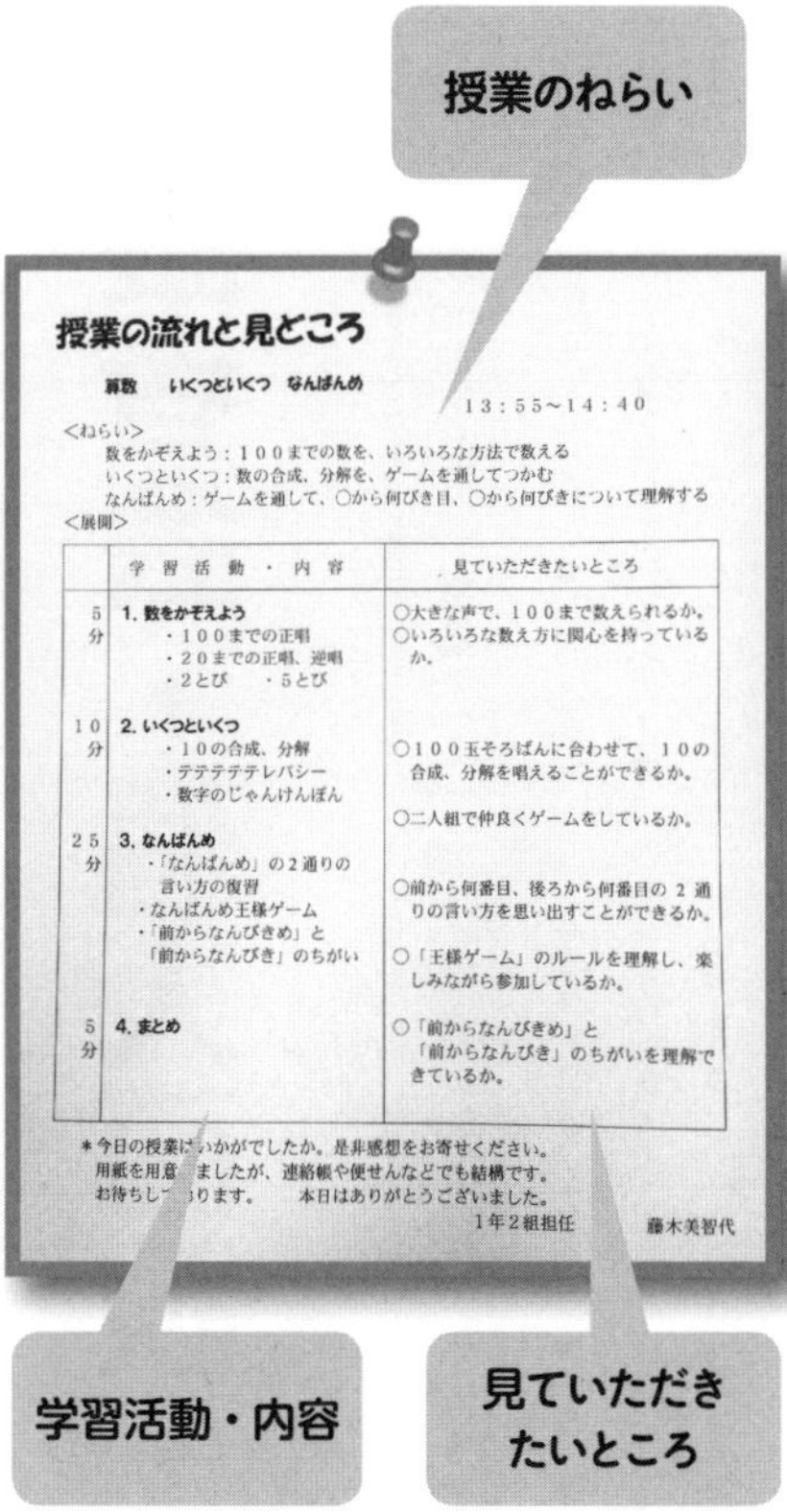

授業の流れと見どころ

算数　いくつといくつ　なんばんめ

１３：５５～１４：４０

<ねらい>

数をかぞえよう：１００までの数を、いろいろな方法で数える
いくつといくつ：数の合成、分解を、ゲームを通してつかむ
なんばんめ：ゲームを通して、○から何びき目、○から何びきについて理解する

<展開>

	学習活動・内容	見ていただきたいところ
５分	**1. 数をかぞえよう** ・１００までの正唱 ・２０までの正唱、逆唱 ・２とび　・５とび	○大きな声で、１００まで数えられるか。 ○いろいろな数え方に関心を持っているか。
１０分	**2. いくつといくつ** ・１０の合成、分解 ・テテテテテレパシー ・数字のじゃんけんぽん	○１００玉そろばんに合わせて、１０の合成、分解を唱えることができるか。 ○二人組で仲良くゲームをしているか。
２５分	**3. なんばんめ** ・「なんばんめ」の２通りの言い方の復習 ・なんばんめ王様ゲーム ・「前からなんびきめ」と「前からなんびき」のちがい	○前から何番目、後ろから何番目の２通りの言い方を思い出すことができるか。 ○「王様ゲーム」のルールを理解し、楽しみながら参加しているか。
５分	**4. まとめ**	○「前からなんびきめ」と「前からなんびき」のちがいを理解できているか。

＊今日の授業はいかがでしたか。是非感想をお寄せください。
用紙を用意しましたが、連絡帳や便せんなどでも結構です。
お待ちしております。　本日はありがとうございました。

１年２組担任　藤木美智代

見どころを明記した保護者向け指導案

Check Point

☑保護者向け指導案に見どころを明記する！

教師の話を聞いているか。友達と仲良く話し合っているか。そんな場面も保護者に見ていただきたいところです。

☑ハンドサインを普段の授業でも活用する！

パーは意見，チョキはつけたし，グーは反対意見。普段から使っておくと，当日もばっちり使えます。

☑保護者からの感想で授業力アップを目指す！

辛いことを書いていただいたときこそ，ありがたいもの。改善を図るチャンスです。

働き方の「心得」

保護者向け指導案は，保護者にだけ役立つものではありません。事前にしっかりと教材研究をすることになりますから，当日の授業は質の高いものになるでしょう。大きく失敗することがないのです。

そして，もっと有意義なことは，次に同じ学年をもったときにもこの指導案が生きてくるということです。保護者からいただいた感想をもとに，改善を加えるだけで，準備が整います。パワーポイントを使って教示するようにすれば，またそれが役に立ちます。最初に少し面倒だと思うことをしっかりやって保存しておくことが働き方改革につながります。

（藤木美智代）

保護者会・個人面談・家庭訪問

来てよかったと思わせる

保護者会にいらっしゃる方は、大抵、緊張気味で堅い表情をしています。そこで、心ほぐしのミニゲーム。子どもたちと楽しむようなゲームを少し大人向けにアレンジして行います。みんなを笑顔にしてから始めましょう。

4、5人のグループになって、同じテーマについて話をさせます。いわゆるアクティブ・ラーニングです。和気藹々と懇談でき、たくさん話すことで満足感も味わえます。あらかじめ司会者、発表者を決め、司会者を中心に話し合い、最後に発表してもらいます。

面談は話しやすい場をつくる

ほんのささやかなことですが、同じ高さの机を4つ並べ、テーブルクロスをかけます。机と机の隙間が隠され、保護者との隔たりがなくなります。

「辛口でいきます？　甘口でいきます？」本題に入る前に、こんな質問をしてみましょう。保護者が、どのような心構えで来校しているかがわかります。何でもびしびし言ってくれと思っているか、お手柔らかにと思っているかによって、多少言い方を変えることができます。言い方に注意さえすれば、話す内容を変える必要はありません。

すべての家を確認する

訪問の前に教室に大きな学区地図を貼り、子どもたちに、名前を書いたシールを自分の家の場所に貼ってもらいます。それをもとにルートを考えます。場所に詳しくなければ、放課後や休日にルートの下見をします。訪問予定時刻に大幅に遅れないようにします。

必ず歩いて回ること。危険箇所や地域を知るには歩くのが一番です。路駐で切符を切られでもしたら大変です。

家庭訪問を希望されない家庭でも家の確認は必要です。確認したことを手紙にしてポストインしておきましょう。

保護者会におすすめ！

心ほぐしのミニゲーム
「あなたは何派？」

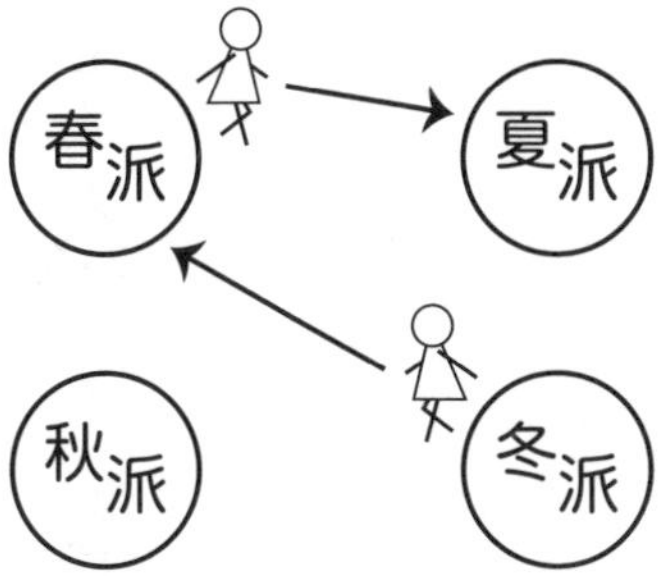

① 教室を「春派」「夏派」「秋派」「冬派」の４つのスペースに分ける。
② 一番好きな季節のスペースに移動してもらい，集まったみんなでそのよさを話し合う。
③ 話し合ったよさを全体に発表し，心が動かされたら移動する。
④ 最後に一番人数の多い季節の勝ち。

他にも，スペースを２つに分けて，「最後の晩餐にするならラーメン VS カレーライス」「引っ越すなら北海道 VS 沖縄」等も考えられます。

Check Point

☑保護者会は，前もってテーマを設定しておく！

事前にアンケートをとり，話し合いたいテーマを決め，周知しておくといいでしょう。自分ごととして話し合いに参加してくれます。

☑個人面談は，場を清める！

テーブルクロス以外にも，花を飾ったり，冷暖房を施したりすることも大切。教室の掃除，整理整頓も必須です。

☑家庭訪問は，時間を守る！

保護者は仕事や買い物を見合わせて待っています。時間に遅れたことで，苦情から始まる会話ほど辛いものはありません。

働き方の「心得」

保護者と関わるときには，常に「おもてなしの心」を大切にします。

学校だから，教師だからという高飛車な態度は厳禁です。ものの言い方が鼻についた，時間を守っていないということで，クレームが来ることもあります。クレーム対応に予想以上の時間を費やすことになります。

ですから，事前にできることを怠らないことが大切になってきます。楽しかった，話しやすかった，色々な情報を得られたというように，保護者が満足できるような工夫をしましょう。まずは，子どものことをよく見てくれて，ほめてくれる先生が一番です。

（藤木美智代）

クレーム・トラブル対応

きちんと方針を説明する

【事例①】「うちの子は、『きみ』とか『あなた』と呼ばれるのが嫌いです。名前で呼んで下さい」というクレームがあった。

私は、「なるべく名前で呼ぶようにします。しかしこれから世の中に出ていけば、『きみ』とか『あなた』と呼ばれることは多々あるでしょう。その都度『そう呼ばないでほしい』と言うより、今のうちに『きみ』とか『あなた』と呼ばれることを受け入れていけるようにおうちでお子さんと話し合ってみて下さい」と返答しました。

法規を知っておく

【事例②】特別の支援を要する子が学級にいることでクレームを言ってくる保護者がいた。「隣の子が勉強のじゃまをするので席を替えてくれ」とか、ひどいものでは音楽会の発表で「うちの子をバカと一緒に歌わせるのか」というものまであった。

今は可能な限り障害のある者とない者がともに教育を受けられる仕組みが整えられ、「障害者差別解消法」が施行されました。差別的な取り扱いは禁止になったということを、きちんと保護者に伝えましょう。

受けとめて、誠意を示す

【事例③】「仕事が忙しくて、個人面談には行けません。帰宅して夕飯を食べさせてからですと、21時になりますが」という連絡帳がきた。

「お仕事が大切なんですね。私も同じように仕事を大切に思っておりますので、21時でもお待ちしております」とお伝えしたら、どうにか都合をつけて19時に来て下さいました。

来校を労い、その子のよいところをたくさん話し、どうしたらこんなよい子に育つのかを聞いて、気持ちよく帰宅していただきました。

お怒りモードの保護者と
同じ土俵に乗らない！

怒りは抑え，丁寧な
「神対応」を心がけよう

Check Point

☑ブレない方針をもつ！

保護者も我々教師も思いは同じ。「すべては子どもたちのために」です。そこを間違えなければ，保護者とわかり合えるはずです。

☑法規を学ぶ！

自らを守るために教育法規を知っておきましょう。法は改定されます。最新の法規を学びましょう。是非，保護者対応に生かして下さい。

☑まずは受け止める！

お怒りモードで電話をしてくる保護者と同じ土俵に乗ってしまってはいけません。

働き方の「心得」

かつて学校は威厳があり，教師は聖職として尊敬される立場でした。

しかし，昨今はそうは言っていられません。保護者の意向を汲んで，子どもの気持ちに寄り添い，できる限りの合理的配慮を施すことが求められています。ですから，子どもや保護者は「お客様」だと思えば間違いありません。そして，我々教師は「接客対応」を心がけましょう。世の中は，今や会社も店舗も接客対応に力を入れています。おもてなしの心で，ご丁寧に，そして明るい笑顔とやさしい言葉で接することが大切です。こちらの怒りはとりあえず抑え，「神対応」ができたら一人前です。

（藤木美智代）

子どもに怪我等があった際の対応

小さな怪我でも連絡を

昨今の子どもたちは危険から守られて育っているので、怪我もあまり経験せずに小学生になっているようです。ですからほんの些細な怪我でも、本人にとっては大ごと。放っておけば治りそうな怪我でも、保健室でみてもらうようにします。消毒し、絆創膏を貼ってもらうだけでうれしいのです。そして、保健室でみてもらったことは、たいしたことでなくても必ず保護者に連絡しましょう。それだけ我が子のことを思ってくれていると感謝され、信頼関係が深まることでしょう。

首から上の怪我には注意

首から上には、脳、中枢神経、目、鼻、口、歯等大切な機能が備わっています。首から上の怪我が起きたら、病院に連れて行くことが必要です。何でもなければそれでいいのです。危機管理でよく「空振りはOK。見逃しはNG」と言われます。保護者にすぐに連絡し、病院を決めたら、養護教諭等が連れて行くことになります。保護者にも病院に来てもらいます。

保健室でみてもらっただけで下校させ、夜に症状が悪化したなどということのないようにしましょう。

事後にも声かけを

大きな怪我で学校を休んでいたり、入院したりしている場合には、必ず電話で様子を聞いたり、お見舞いに行ったりしましょう。クラスみんなで手紙を書いたものをもっていくのもいいでしょう。いつでも気にかけているということが伝わります。

学習について保護者は心配していると思います。ですから、ワークシートや練習問題等をもっていき、学習の進度を伝えることも大事です。保護者にも協力していただき、自分で学習を進めてもらいましょう。

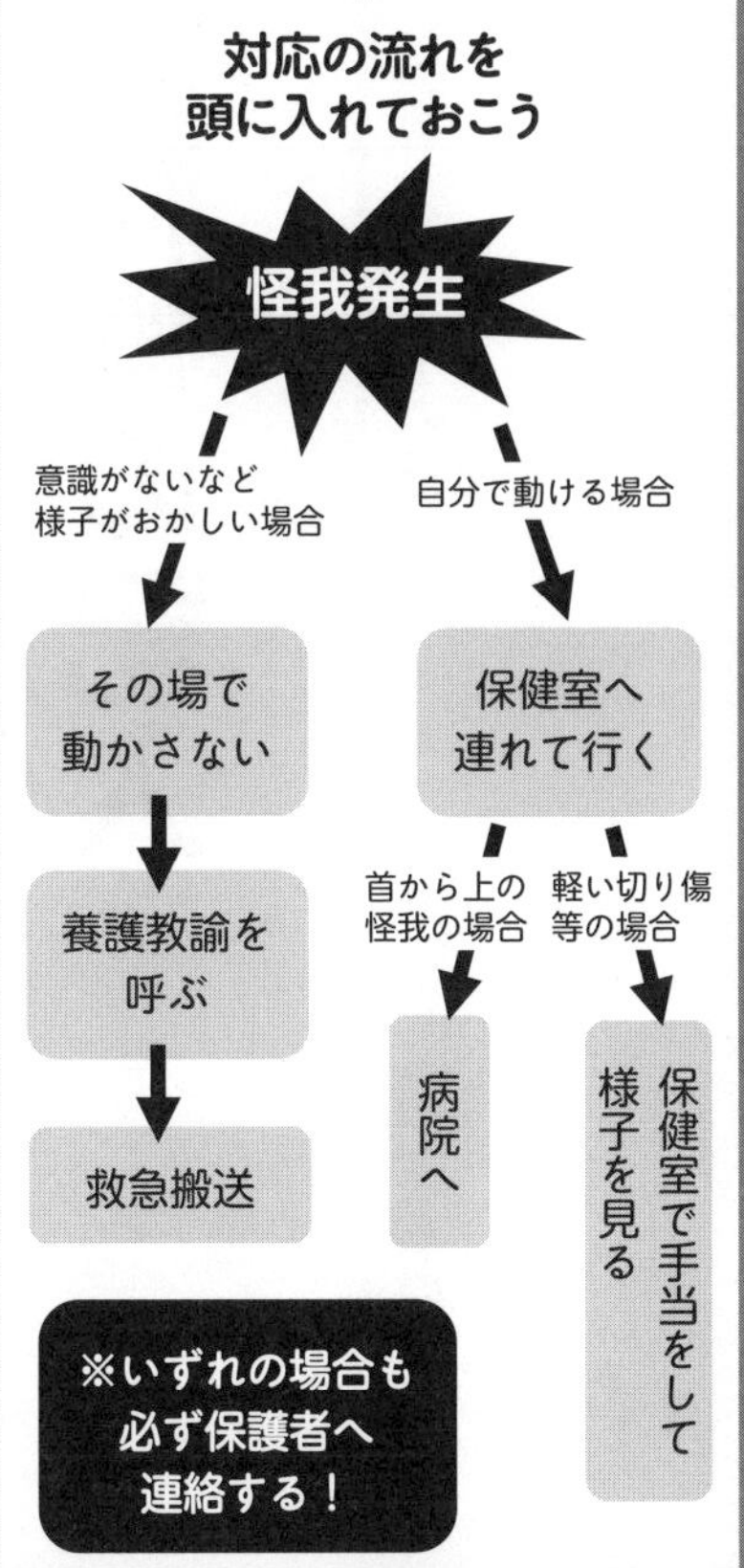
対応の流れを
頭に入れておこう
怪我発生
意識がないなど
様子がおかしい場合
自分で動ける場合
その場で
動かさない
養護教諭を
呼ぶ
救急搬送
保健室へ
連れて行く
首から上の
怪我の場合
軽い切り傷
等の場合
病院へ
保健室で手当をして
様子を見る
※いずれの場合も
必ず保護者へ
連絡する！

Check Point

☑みてもらうだけで安心！

保健室に行って，やさしく手当てをしてもらうだけで子どもは落ちつきます。絆創膏は心までも治してくれるものなのです。

☑首から上の怪我は大変！

一生不便な思いをしたり，傷跡が残ったりします。下手をすれば訴訟問題にもなりかねません。一番は予防。怪我をさせない努力が大事です。

☑久しぶりの登校に配慮！

長く休んでいて，しばらくぶりに登校する子は不安がいっぱい。受け入れる態勢を整えて迎えましょう。

働き方の「心得」

一番は，怪我をさせないこと。予防が大切です。そのためには，休み時間に子どもの様子を見ながら，危険箇所がないか，危ない遊びをしていないか見て歩くとよいでしょう。教師が回っているだけで，それが抑止力になり，危ない遊びをやめたり，いじめやケンカも少なくなったりします。また，保健の授業だけでなく，どのようなことが怪我につながるのか，どうしたら怪我を回避できるのか，子どもたちと一緒に考える安全教育も必要です。そして怪我が起きてしまったら，やさしく，落ちついて冷静に対応しましょう。子どもに不安感をもたせないようにします。

（藤木美智代）

連絡帳の記入

返事で書くべき内容

連絡帳に返事を書こうと思っていても、忙しくてなかなか書けないときがあります。そこで「ひとまずの返事のパターン」を決めておけば1～2分で書くことができます。

・連絡への感謝
・問い合わせへの受けとめ
・ひとまずの方向性

この3つの内容があれば大丈夫です。また、体調面での連絡の場合には、温かい返信を一言加えましょう。「先生は、我が子の体調に気を配っている」と保護者に伝わります。

学校での出来事の伝え方

「具合が悪く体育を休んだ」「友達と小さなトラブルがあった」というような伝えておきたい出来事の場合には、注意が必要です。書き方によっては、保護者が不安になる可能性があります。

大事なのは、客観的にその出来事を事実中心に伝えるようにすることです。

最後に「心配するようなことではないのかもしれませんが、学校での出来事ということでお伝えいたします」と記すと保護者の安心感も増します。「～していただくと幸いです」といった表現も負担感をもたせない書き方です。

このような書き方はNG

× 課題点を中心に書く
連絡帳が「叱られる道具」になり、子どもが保護者に見せなくなる可能性もあります。

× 要望に対して、感情的に反論する
保護者からの要望の意図を、まずはじっくりと考えましょう。

× 忙しく乱雑な文字で書いてしまう
乱雑な文字は、保護者からの信頼を失う場合があります。

× 不十分な連絡になっている
準備物を子どもたちに書かせる場合、点検や確認が必要です。

ひとまずの返事例

　ご連絡、ありがとうございます。○○さんのこと、ご心配だったことと思います。学校の様子を後ほど電話でお知らせします。よろしくお願いいたします。

体調面での連絡への返事例

　ご連絡ありがとうございます。昨日から発熱されたとのこと。学級でも休んでいる子がおりますので、くれぐれもお大事になさって下さい。

　今日は休み時間も念のため教室で静かに過ごしました。給食は全部食べることができました。

学校での出来事を事実中心に伝える例

　いつも学校へのご協力、ありがとうございます。

　さて、○○さんですが、2時間目の体育の時間（体育館でのマット運動）に「頭が痛いです」と言いに来ました。熱はなかったのですが、大事をとってその後保健室で20分ほど休みました。

　休み時間のうちに教室に戻り、それからはいつも通りに過ごしました。給食も全部食べました。

　帰りも一人で大丈夫ということで、歩いて帰らせますが、念のためご家庭でも様子をみていただければ幸いです。

働き方の「心得」

　連絡帳のよさは，子どもたちのよさを気軽に伝えることができる点です。その子の保護者だけが読むのですから，よさをストレートに書くことができます。学級通信だと様々な配慮が必要になりますし，電話だとつながらずにタイミングを逸してしまう可能性もあります。

　書く際には具体的なエピソードを入れましょう。「友達に対してやさしいです」と書くよりは，「校庭で泣いていた１年生に声かけをして学級に連れていってくれました」と書いた方が，よさがよりよく伝わります。１日２人書くと，１ヶ月で全員分を書くことができます。


（佐藤　正寿）

学級通信の作成

準備物の連絡は確実に

学級通信での準備物の連絡は、保護者にとって重要な情報です。担任として次のような気配りが必要です。

学習用具の連絡の場合には、その意図・分量・期日を明記します。子どもたちに口頭だけでは伝わらないものの場合には特に必要です。その際、期日に余裕をもって伝えるようにします。「三日後」と言われても、家庭事情によっては難しい場合もあります。

また、学期始めには提出物が多いです。このような場合には提出物一覧表を作成するといった工夫が必要です。

子どもの声を掲載する

保護者は我が子が掲載されている学級通信に注目をします。しかし、なかなか一人ひとりを公平に記事にするのは難しいものです。その点で、行事は子どもたちの声を掲載させるよい機会です。例えば、運動会前にあらかじめ子どもたちに「運動会に向けて一言」を書かせ、それを全員分記事にしてみましょう。それはそのまま運動会の見どころになります。また、通信に「書き込みコーナー」を準備して、子どもたち一人ひとりがメッセージを書き込む方法もあります。

ここに注意

・誤字脱字、間違った用語の使い方
同僚に確認してもらいましょう。
・誤りのある情報
特に日時は念入りに。
・無断転載・出典先不明
公的な文書と心がけましょう。
・掲載頻度は公平に
特定の子どもが多く掲載されないように、回数をチェックしましょう。
・子どもや保護者が気にする内容
「他の子に比べて極端に短い作文」「○○検定合格者一覧」といったものは掲載しないことが無難です。

意図・分量・期日を明記した連絡（1年図工，9月上旬発行の例）

★空き箱準備のお願い

図工で，来月「はこでつくったよ」という学習をします。これは，子どもたちが持ってきた空き箱を使って工作するものです（図工教科書○ページ）。そこで，空き箱の準備をお願いいたします。

・大きさは問いません（登校時に持てる範囲内でお願いします）。

・１人４個以上の準備で工作はできます（多くても構いません）。

・工作は10月から始めます。９月末日までにご準備くだされば有難いです。よろしくお願いいたします。

「子どもたちの声」を掲載（運動会の例）

・結人…徒競走とリレーの練習をがんばりました。カーブの走り方を練習したし，バトンパスも自信があります。今年こそ一番を目指すぞ！

・由佳…今年は希望して応援団になりました。最初は大きな声が出なかったけど，だんだんと出るようになりました。本番でも，白チームが勝てるように大声を出していきたいです。

・竜馬…綱引きを見てほしいです。チームで作戦を考え，練習でもうまくいきました。チームワークも抜群なので，運動会の本番も大丈夫だと思います！

働き方の「心得」

「子どもたちをよくしたい」と考え，学級通信に「これでいいのか忘れ物！」といった内容を掲載する場合があります。そのようなときには，子どもや保護者を責めるような書きぶりになっていないか，読み直しをすることが必要です。心のどこかでそのような気持ちがあると，結果的に文章に表れてしまいます。このような場合，「忘れ物が多い」ことに対して，どのように取り組んだか，その結果，子どもたちが学んだことは何だったかといった内容を記載する方が効果的です。学級が前進していることが保護者に伝わります。

（佐藤　正寿）

校内文書の作成

様式に沿って作成する

「出張復命書」「会議提案文書」「校外学習計画」等、校内文書を作成する機会があります。他の事務仕事からすると多くはないものの、一定の時間をかけなければできないものです。

それらには基本的な様式が決められています。この様式が決められていることで、書く内容が規定されます。これは書き手にとっても、読み手にとっても効率的です。まずは、その様式の内容について理解をしましょう。保存されている文書を読み、作成するための必要事項を確認することも大切です。

情報を記録しておく

文書を作成するためには、その文書のための情報が必要となってきます。研修会の報告をする場合には要点を記入することになるので、あらかじめ報告書を作成することを想定してまとめておくと、文書作成がスムーズになります。

突発的な出来事で作成しなければいけないのが、事故報告書です。事故発生時の状況や経過について、時刻を含めた情報が必要です。対応に追われて不正確な報告とならないように、こまめに記録することが大事です。

すぐに作成する

校内文書は、すぐに作成することが望ましいです。後で作成しようとして、「職員会議で学年会の内容を提案するんだけど、メモを見ても伝えるポイントが不明だ」という事態になったら、再度学年の先生方に問い合わせをすることになります。研修会や事故の報告にしても、記憶が鮮明なうちに書く方が時間的にも効率的です。

これは文書を受け取る側にとってもメリットがあります。情報を早く受け取ることによって、早めの対応ができるからです。

出張復命書

旅行年月日　　　令和○○年○月○日（水）
目的地及び用務先　○○市立○○小学校
用務　　　　　　○○市初任者研修会に参加

上記命令のとおり出張いたしましたので，以下のとおり復命します。（資料添付）

記

1　講話「研究授業を見る視点（○○市教育委員会　○○指導主事）
2　研究授業　○○市立○○小学校３年１組　教科：算数
3　研究協議「研究授業について」及び助言（○○市教育委員会　○○指導主事）

○研究授業からの学び
・・・
○今後の授業改善に生かしたいこと
・・・

基本様式に基づき，自分の学びも記す

働き方の「心得」

所定の様式に基づいて書くと言っても，「早く済ませることが一番」と事務的に考えて文書作成をするのは，もったいないことです。校内文書作成は，自分の考えを伝える機会にもなるからです。

例えば，出張復命書に，研修会の要点だけではなく，感想や提案も書き加えるようにします。「本校で生かせることは何か」という視点で記すと，学校改善につながる可能性があります。

その点では，校内文書を作成することは，事務的なことではなく，学校運営に関わる重要な業務なのです。

（佐藤　正寿）

対外文書の作成

今までの文書を基本に

対外文書の作成は事務仕事の中でも重要です。例えば、見学学習の際に作成する「見学学習依頼書」は、受け取る側にとって必要不可欠なものです。見学先もその文書をもとに、正式に受け入れ態勢を準備するからです。

多くの場合、対外文書は前年度でも同様のものを作成しています。それを基本として、必要であれば修正します。先の見学学習依頼書であれば、見学施設・機関の長の名前が正確か、本文に必要な情報が記載されているか（特に日時、人数、連絡先）が大切です。

早めの作成・送付を

対外文書を必要とされる活動は、年間計画で決まっています。早めの作成が可能です。作成すべき時期をメモして、忘れないようにしましょう。活動の直前になって連絡をすることは、相手に負担を強いることになります。

これは、活動後の文書についても同様です。見学活動の場合、見学後数日の間に礼状が届くようにします。子どもたちの手紙や感想文を同封する場合でも、一週間以内に発送しましょう。子どもたちにとっても早い方が書きやすいものです。

一工夫を考える

先の礼状の基本ファイルも、他の対外文書と同様に、前年度のファイルが保存されていることでしょう。「時間がないから…」ということで、毎年同じ文面では貴重な時間を割いてくださった相手に失礼です。

そこで、「見学したからこそ書ける内容」を今までの礼状に加えてみましょう。例えば、見学時に子どもたちが関心をもったことや、配慮していただいたことを書いてみましょう。このような一工夫により、感謝の気持ちが具体的に伝わります。

令和○年○月○日

○○○消防署

署長　○○　○○　様

○○市立○○小学校

校長　○○　○○　　印

施設見学のお願いについて

（本文略）

記

1　見学日時　令和○年○月○日（○）10時～11時

2　見学人数　第３学年　82名　　引率教師　４名

3　連絡先　○○市立○○小学校（住所・電話・ファックス番号を記載）
担当者　○○　○○　（３年２組担任）

4　その他　事前打ち合わせのため，○月○日（○）16時に担当の○○○○が貴施設に伺います。よろしくお願いいたします。

必要な情報を入れた見学学習依頼書例

「見学したからこそ書ける内容」の礼状例

実際の見学では，担当の方が多くの質問に丁寧に答えて下さいました。特に消防車や消防服の秘密の紹介は，子どもたちにとっては驚きの連続であり，学びを深めるものとなりました。また，どの地区にも早く行くための工夫を知り，新たな追究課題を見つけた子どもたちもおりました。

働き方の「心得」

対外文書を作成することにより，外部と連絡する機会もできます。同じ学校関係者であれば，その様子も想像がつきますが，地方公共団体や企業が相手先という場合もあります。事前打ち合わせのときには，相手先から名刺を差し出されることが多いものです。「使う機会が少ないから」と教師は名刺を持ち合わせていないことが多いものですが，よい機会ですから作成してみましょう。

今は印刷用紙を購入すれば，パソコンで簡単に名刺を自作することもできます。一度作成すると様々な機会に使えるものです。

（佐藤　正寿）

メールの作成

わかりやすさが一番

必要な要件をわかりやすく伝えることが、メール作成の基本です。次の点に留意しましょう。

・宛先である相手の所属名・職名(担当)・氏名を明記します。
・時候の挨拶は不要です。
・長くなる場合には、数行書いたら一行空けて、読みやすくします。
・用件は箇条書きにします。
・結びも簡潔に。署名をつけます。

件名も、一目で内容がわかることが理想です。【返信をお願いします】と注意を促す工夫も効果があります。

ここに注意

基本的な書き方の他に、メールならではの注意点があります。例えば、次のようなことです。

・添付ファイルを送付する際には、容量を確かめます。画像の場合には、特に注意しましょう。
・親しい間柄でも、顔文字や(笑)といった記号は仕事のメールなので、避けましょう。
・「締切厳守」といった表現は高圧的な態度を感じさせる場合があります。「恐縮ですが」といった一言を加えるようにします。

読み直しは不可欠

急いでいる場合には、メールを作成してすぐに送りがちです。しかし、送信後に間違いに気づいた場合には、訂正のメールを送ることになり、相手に迷惑をかけることになります。急いでいる場合でも、本文の読み直しは不可欠です。誤字脱字だけではなく、「相手にとってわかりやすいか」という視点で見ていきましょう。

送信先も同様です。送信先を間違えないことはもちろん、個人宛の返信を多くの人に送ってしまうことがないように注意します。

○○市立○○小学校
教務主任　○○　○○　様

いつもお世話になっております。○○小学校の○○○○です。
○○のご案内，ありがとうございました。
本校では以下の通りの参加となります。
事務手続きのほどよろしくお願い申し上げます。

・参加者：○○　○○
・希望分科会：国語

どうぞよろしくお願いいたします。

（署名）

基本項目をわかりやすく伝えることが基本

メールをありがとうございます。
校内で確認して，文書にて回答いたします。
取り急ぎご連絡申し上げます。

時間がかかりそうな場合には，まずは受信した旨を返信する

働き方の「心得」

メールでの返信が必要な場合，早いに越したことはありません。「あの人はメールが遅い」と思われたら，仕事上では大きなマイナスです。文書作成上，時間がかかる返信でも，メールを受信した旨の返信を行うことで相手に誠意が伝わります。

また，「便利だから」と言っても，相手がいつ読むかわかりません。「すぐに連絡をとりたい」「丁寧にお詫びをしたい」といった場合には，電話や面会の方がよいときもあります。どのような際にメールを使うのか，自分の中で基準を決めておきましょう。

（佐藤　正寿）

タスク管理

黄青緑の付箋紙を用意する

日毎のタスク管理は、付箋紙を使って、可視化します。

便利なタスク管理のアプリもありますが、教師の仕事には馴染みづらいです。なぜなら、教師の仕事は、休み時間のほんの数秒で確認しなければならないことや、急なタスクが飛び込むことが頻発するからです。

ただ、付箋を使って管理しますが、方法としてシステマティックであることは後述する通りです。まずは、「正方形」の「黄・青・緑」の付箋紙を用意して下さい。

黄と青の付箋紙の使い方

まず、タスクを「10分以内に終えられるもの」と「10分より多くかかるもの」に分けます。そして、黄の付箋紙には「10分以内に終えられるタスク」を書き、青の付箋紙には「10分より多くかかるタスク」を書きます。隙間時間や疲労を感じているときには黄に書いたタスクを、まとまっている時間や集中力が高まっているときには青に書いたタスクを行うとよいでしょう。

このようにタスクは、「10分以内かどうか」の基準で分けると、効率よく処理することができます。

緑の付箋紙の使い方

緑の付箋紙には、「予定にはない飛び込んできたタスク」や「途中で思いついたタスク」を書きます。

タスク管理を行う際に懸念されることが、「どんどんタスクが増えてしまって、見通しがもてない」「達成感が得られない」です。飛び込んできたタスクについては別で書くことにより、頭が整理され、生産性が高まります。

また、付箋紙には「今日やることのみ」を書きます。明日以降が締め切りのタスクについては、次項で説明する「カレンダー」で管理していきます。

私が愛用しているのは，スリーエム ジャパン「ポスト・イット® 全面強粘着ノート」です。

全面のりタイプなので，とれてしまうストレスがなく，手帳や紙にもそのまま貼れます。

角が丸く，剥がしやすいことも気に入っています。

Check Point

☑付箋紙を用意する！

まず，お店や事務用品の通販で，付箋紙を購入しましょう。

☑10分でできるか見極める！

10分以内でできるタスク
→黄の付箋紙に書く
10分より多くかかるタスク
→青の付箋紙に書く

☑飛び込みタスクは別に書く！

予定になかったタスクを，別で緑の付箋に書くことで，「見通し」と「達成感」を得ることができます。

※付箋紙に書くタスクは，「今日行うタスク」のみ。

働き方の「心得」

付箋紙の色を「黄・青・緑」としたのには，理由があります。長岡技術科学大学の研究では，青には集中力をアップする効果があるそうです。ですので，集中力を要するタスクは，青の付箋紙に書くとよいのではないかと考えました。

黄色は活力を与える色であるため，短いタスクをテンポよく行うために最適です。緑はリラックス効果のある色なので，急なタスクが発生した場合でも落ち着くことができそうです。

（熱海　康太）

参考文献
・堀正岳『ライフハック大全』KADOKAWA
・「『青い凹凸のある紙』で集中力が58%アップ！学習ノート開発者に“根拠”を聞いた」FNN プライム

スケジュール管理

手帳を購入する

今日より先に締め切りのあるタスクは「月カレンダー」で管理します。「月カレンダー」には便利なアプリもありますが、私は大型書店の教育書コーナーに置いてある「教員向け手帳」をおすすめします。「教員向け手帳」にはスケジュールを書く欄以外にも、教職に特化した多くの項目が用意されているので、「情報の一元管理」が可能となるのです。

大切な情報が分散してしまうと「どこに書いたんだっけ?」となってしまい、時間を無駄にしてしまいます。

基本は月カレンダーに記入

タスクが発生したら、「今日行うタスク」は前項で紹介した付箋に、「今日より先に締め切りのあるタスク」は手帳の、月カレンダーページに記入します。例えば、学級通信であれば、行うリミットの日に「学級通信を書く」とタスク名だけ書いて、今日からその日まで矢印を引いておきます。そのタスクが終わったら、文字を線で消し、矢印を違う色のペンでなぞって終わったことを表すと、達成感も高まります。

タスクの細かい情報は、カレンダーページではなく、週ページに書きます。

失敗も考慮する

多くのスケジュールは、書いて一旦手放すことが重要です。頭を空にして、目の前のタスクに集中しましょう。書く際には、「計画の失敗」や「怠惰の可能性」も考慮して、計画を立てます。教職は、多くの「予想外な出来事」が舞い込む仕事です。また、そうでなくても一度の失敗や心の挫折で崩れてしまう計画は、よいとは言えないでしょう。リミットの期日を少し早めに設定したり、大きなタスクはゴールを細分化したりして、達成感を得ながら仕事を行えるようにしていきます。

私が愛用している教員向け手帳は，菊池省三先生の『ほめ言葉手帳』です。

タスクを整理して書きやすい月カレンダー，年間予定表，座席表，名簿，子ども一人ひとりの情報ページ等教師の仕事に特化した手帳です。

Check Point

☑手帳を買いに行く！

情報を一元管理できる「教員向け手帳」が，おすすめ。

☑月カレンダーページに記入する！

タスク名を月カレンダーページに書き，完了したら消します。

タスクの細かい情報は，週ごとのページに詳しく書きます。

☑失敗ありきの計画を立てる！

一度の失敗で崩れないスケジューリングにします。

「リミットを早めに設定する」

「大きなタスクは，ゴールを細分化する」

働き方の「心得」

心理学者のブルーマ・ツァイガルニクは「人は達成できなかった事柄や中断している事柄に対して，より強い記憶や印象をもつ」という心理効果を明らかにしています。つまり，未達成のタスクをたくさん抱えていると，そのことが気になってしまい，目の前の仕事に全力を注げなくなってしまうのです。ですから，一旦書いて忘れることにより，思考をリセットすることが重要です。また，この効果は授業場面で用いることも可能です。「もっとやりたい」というところであえて中断することで，続きの時間まで子どもの意欲を継続させることが可能になります。

（熱海　康太）

参考文献
・佐々木正悟『すぐやる人に変わる　心理学フレームワーク』実業之日本社

書類管理

クリアブックと段ボール箱

職員会議の資料等をメール配信する学校も増えてきましたが、まだまだ学校は「紙社会」です。学校現場では、溢れる紙を制することが、情報を制することになります。

書類は、「すぐに探せる」「管理に手間がかからない」というルールで、保管することが重要です。

まずは、「A4のポケット式クリアブック（30～40ポケットあるとよい）」と、「A3の印刷用紙が入っていた段ボール箱」を準備することから始めましょう。

クリアブックで分類

クリアブックは、まず自分の担当の分掌数だけ用意しましょう。分掌の仕事の際に書類をもらったら、順に、重ねず、入れていきます。プリントは、「重ねる」「積む」ことで制御不能となることを心得ましょう。

それ以外には「クラス」「学校研究」「通年」「行事」「財産（自分のためになる資料）」のクリアブックが必要です。10冊程度になるので、少し多いように思いますが、これでもらった順番に機械的に入れても、必要な書類をすぐに検索できるようになります。

後は、いらない書類

締め切りのある「提出しなければならない書類」は、机に敷いてある透明マットに、重ならないように入れます。

その書類と、上記のクリアブックに分類したもの以外は、実質いらない紙です。今後、使うことも見ることも、ほとんどないと言えます。

したがって、それはもらった順に段ボール箱にどんどん入れていきます。万が一、後々必要になっても、順番に入っているので検索は可能です。

次の年度一ヶ月が経過したら、本当に不要なので処分してよいでしょう。

クリアブックは，タイトルによって色を変えると，見た目だけで判断できます。

段ボールは，「横を開くタイプ」が，入れやすく，取り出しやすいです。

Check Point

☑用意するものは2つ！

「Ａ４のポケット式クリアブック」「Ａ３の印刷用紙が入っていた段ボール箱」

☑クリアブックは10冊程度！

「自分の担当分掌」＋「クラス」＋「学校研究」＋「通年」＋「行事」＋「財産」で分類する。

☑後は，まとめて段ボールへ！

「提出する書類」は，机上の透明マットの中へ。

クリアブック，マットの中以外の書類は，いらないもの。段ボールに順番に入れていきます。

働き方の「心得」

書類を教室に持っていき仕事をする際には，わざわざクリアブックを持ち出したり，紙を取り出したりする必要はありません。スマートフォンのカメラ機能を使って写せばいいのです。なくす心配がなくなり，手元でコンパクトに確認することが可能です。ただ，自宅への持ち帰りは管理職の許可が必要です。個人情報の無断持ち出しは職を失う恐れすらあります。

連絡帳のメッセージ等も，いちいち職員室にコピーをとりに行くのではなく，学校専用のタブレットのカメラ機能や，デジカメで写してしまえば，内容の一時保存は簡単です。

（熱海　康太）

意識管理

目的意識の強さ

タイムマネジメントを行う上で、手法よりも先に意識したいのは、「目的意識」です。「子どもを保育園に迎えに行かなくてはならない」や「チケットのなかなかとれない好きなアーティストのライブがある」などの場合には、どのような方法を使っても、早く退勤しようとするのではないでしょうか。

そのような、目的意識の強さがあれば、時間の使い方は確実に変わっていきます。「なぜ、タイムマネジメントを行いたいのか」「一番大切なものは何か」、まず考えてみましょう。

怠務マネジメント

タイムマネジメントには、「怠務マネジメント」と「滞務マネジメント」があることも意識したいです。

「怠務マネジメント」とは、ダラダラと過ごし、無駄になる時間を改善するものです。ついついスマホをいじってしまったり、おしゃべりに時間をとられてしまったりすることはないでしょうか。休憩時間や人間関係の構築といったきちんとした目的がなければ、それは無駄な時間です。何となくになっている時間を見つけ、目的をつけて、減らしていきましょう。

滞務マネジメント

「滞務マネジメント」とは、システムが悪く業務が滞ってしまうことを改善するものです。学校で多いのは、長い会議です。常に、話し合いの目的を明確にしていくことが大切です。

主任クラスでないと難しいこともありますが、若手にできることもあります。例えば、自分の提案では資料を事前配付して読んでもらったり、発言力の強い先生に根回しをしておいたりすることです。また、少し慣れてきたら「口火を切る」ことを増やし、主導権を得ていきたいです。

タイムマネジメントのイメージ

耕すのは「タイムマネジメント畑」

「強い目的意識さん」

「強い目的意識さん」がいなければ，畑は耕せません。

「怠務改善号」

何となくという時間を減らしてくれる強力なトラクターです。

他に「滞務改善号」もあり，「目的の明確化」が得意です。

Check Point

☑一番大切なものは？

時間を管理する上で重要なのは，強い目的意識。

「何のために時間を使いたいのか」，強く意識します。

☑怠務マネジメント！

スマートフォンやおしゃべり等，目的意識のない時間を見つけます。何となくになっている時間に目的をつけ，減らします。

☑滞務マネジメント！

会議では，事前の資料配付や発言力の強い先生への根回しが大切。

最初に発言することで，主導権を得ます。

働き方の「心得」

若手教員こそ，話し合いでは最初に発言することにメリットがあります。例えば，研究授業後の話し合いで考えてみましょう。

話し合いが深まってからでは内容も難しくなり，口を挟むことはできなくなります。最初の発言であれば「感想だけ」でも許され，やる気を認められます。また，初めに発言することで，自然と主体的に話し合いに臨むことができ，研究会の学びがより自分に結びつくことでしょう。

このようにハードルの低いところから発言を増やしていくことで，職員室での影響力を上げていくことも重要です。

（熱海　康太）

参考文献
・渥美由喜『ビジュアル　ムダとり時間術』日本経済新聞出版社

授業準備の時短・効率化

幅広く使えるワークシート

「幅広く使えるワークシート」を教室に常備しておくと、準備の時短をする上で重宝します。例えば、私は3種類のシートを常に教室に置いてあります。1つめはタイトルを記入する欄と罫線のみのもの。行事後の感想等を書くときに便利です。2つめは上部に枠、中間部に白いスペース、下部に罫線があるもの。国語の物語を絵にしたり、マインドマップをかいたりするときに重宝します。3つめは均等に区切られたプリントです。算数テストの確かめ計算や話し合いの意見記入等に使えます。

長期休業中に教材印刷

日々授業をしながら、放課後に校務分掌、事務処理をしていると、なかなかプリントを印刷する時間がありません。しかし、一年間で使うプリントのうち、大体決まっているものもありますから、それらを長期休業中に予め印刷しておくとよいでしょう。そして、小学校であれば自分の教室に保管、中学校であれば教材準備室や職員室ロッカーに保管しておくことで、後手に回らずに教材準備ができます。昨年度のデータや職員会議資料を見ると、その手がかりがあるでしょう。

教室をコックピットに

子どもたちは、日々様々な活動をします。それだけ色々な物が必要になります。そこで、教室にある机周りを飛行機のコックピットにするイメージで教具・教材・文房具がすぐに手が届くようにしておきます。文房具類であれば、子どもたちも自由に使えるように簡単な表示もしておくと、先生自身がとりに行く手間が省けるでしょう。私は、キャスターつきの整理棚を買って、机の隣に置いています。そこに色々な文具を保管しておくことで、子どもたちも自由に使えるようにしています。

「幅広く使えるワークシート」をつくって教室に常備する

長期休業中にプリントを印刷する

働き方の「心得」

右ページの３点は，授業準備前の「ウォーミングアップ」のようなものです。授業をするには，この他に「教材研究」が必要です。これればかりは１年間授業をしてみないと，自分の教材研究スタイルが確立できない部分が大きいと思います。小・中学校どちらの業種であっても，子どもたちに実際に教えてみないとわからないことがよくあるからです。理想を言えば，学校が始まる前の春休みのうちに，年間でどんなことを教えていくのか，大まかに見通しておくべきでしょう。大体の教える内容が頭に入っていることで，授業準備の時短を行えることが多いです。

（江澤　隆輔）

事務作業の時短・効率化

ショートカットを覚える

ほとんどの事務作業がパソコンを通して行われます。アンケート入力や資料作成等、放課後はパソコン画面に向かっている時間が長いでしょう。そこで、操作における基本的なショートカットキーを覚えておけば、時短効果があります。「Ctrl＋C」でコピー、「Windows＋→（←）」でウィンドウを右（左）半分に表示、「Windows＋D」でデスクトップ表示等も知っておけば役に立ちます。私もその一覧が書かれているマウスパッドを使い、少しずつ覚えるようにしています。

パソコン周りを充実させる

学校で使用するパソコンに、管理職の許可なしにソフトをインストールすることはできません。しかし、管理職の許可があれば、マウスをとりかえたり、キーボードを使いやすいものにとりかえたりすることは可能でしょう（もちろん、支給されたものは大事に保管）。特に、マウスは多ボタンマウスをおすすめします。一連の操作を覚え込ませたり、ショートカットキーを登録できたりします。また、ワイヤレスマウスも机上がすっきりとして事務作業が捗るので、おすすめします。

机上と引き出しは機能的に

私は、職員室デスクの机上にはパソコン以外にできるだけ何も置かないようにしています。教師として仕事をしていると、書類を机上に並べて参照したり、ノートを並べたりすることが多く、不要なものがあると仕事が捗らないからです。また、引き出しも常にスッキリと整理しておくよう心がけましょう。「捜しものをしている時間」が最も無益だからです。机上と引き出しを整理するアイテムは数多く市販されているので、一度購入して試してみるとよいでしょう。

マウスは多ボタンワイヤレスがおすすめ

ショートカットキーが書かれたマウスパッド

引き出しにぴったり入る小物入れを揃える

働き方の「心得」

放課後，職員室で事務作業をしているときに，最も避けたいのが「同僚とのおしゃべり」です。行事の打ち合わせや子どもの情報共有は大切な仕事の１つです。しかし，それとは違う私語をすればするほど時間が失われていきます。同僚の先生方とのおしゃべりは楽しいものですが，あくまでも勤務時間は仕事に全力をつくすためにあります。小学校であれば，子どもが帰宅した後も勤務時間内であり，その時間は私たちに給料が支払われていることを忘れず，効率的で生産的な事務仕事をしていきましょう。

（江澤　隆輔）

採点・提出物チェックの時短・効率化

テスト後すぐに採点、直し

子どもによって、テストを解くスピードには大きな違いがあります。全員が解き終わるのを待っていたら、早く解き終わった子どもは、残りの時間、することがありません。そこで、テストが終わり次第、すぐに先生のところに持ってくるように指示しましょう。教師はその場で採点、名簿にも点数を記入します（満点なら「・」と書くのみにすればさらに時短効果アップ）。この方法により、早く終わった子どもはすぐに採点してもらえて、直しもできるので理解度も高まります。

出席番号で色分け

提出物のチェック方法はたくさんあります。私は、その中でも漢字ドリルや計算ドリル等毎日チェックすべきものは、子どもたちの出席番号で色分けする方法をおすすめします。学級が30名だとしたら、1~5番までを「赤」、6~10番までを「青」などと決めて、その「丸シール」をドリルの「背」部分に貼ります。朝のうちに提出させておき、集まったら色ごとに集めて名簿と照らし合わせれば、あっという間に足りない色（まだ出していない子どもも）がわかります。

提出物を先生に出さない

子どもの提出物は宿題だけでなく、PTAに関する文書、アンケート等々…。すべて先生に提出するようにしたら、チェックに手間がかかります。出してくるたびに、名簿にチェックする必要があるからです。忙しいときには、受けとったけどチェックをし忘れるなんてことも。そうならないよう、教室後方等に名簿を貼りつけたクリアファイルと鉛筆を置いておきましょう。「持ってきたら、ここに出してね」で終了。締切日が近づいたら、全員出ているか確認して処理しましょう。

解くのが…

とても早い子ども	テスト	提出	直し	自学自習
早い子ども	テスト	提出	直し	自学自習
平均的な子ども	テスト	提出	直し	
ゆっくりな子ども	テスト	提出		

＊直しは別日または別時間に。

テストが終わったらすぐに採点をして，直しをさせる

提出文書はカゴやファイルへ
（隣に名簿）

出席番号で色分けすれば，出ていない子どもをすぐにチェック可能

働き方の「心得」

テストの採点は，特に小学校ではとても多いです。単元が終わるたびに，理解度を測るテスト，漢字テスト，計算テスト等々…。しかし，採点の機会が多い分，その時短術を身につけてしまえば，その効果は絶大です。あくまでも私たちが採点するのは，子どもたちがつまずいているところをチェックしたり，それを授業に活かしたりするためです。また，子どもたち自身が，自分の理解できていないところをチェックするためです。右ページに書いた時短テクニックを試してみたり，アレンジしてみたりして，自分なりの時短術を身につけて下さい。

（江澤　隆輔）

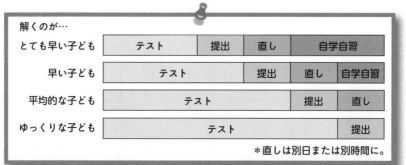

行事準備の時短・効率化

準備で完璧を目指さない

行事の概要がつかめていないと、時短は図れません。何かの行事の担当になったら、全体像をつかむために昨年度の職員会議資料や記録写真を見ることで、その概要が事前にわかります。自分の中で100％の資料にして管理職などに見せるより、70％ほどの出来で様々な先生に相談しながら仕事を進めていく方が、結果的な時短につながります。できるだけ準備を早い時期からするのも時短のコツです。行事まで時間があれば、相談しながら完成度を高める時間に当てられるからです。

ペーパーレスを進める

簡単な連絡に手間をかけるといくら時間があっても足りません。例えば、PTAに関する行事なら学校メールで対応できますし、先生間のコミュニケーションをできるだけSlackやLINEといったネットツールで行って、行事準備等を進める学校もあります。これらの方が情報共有も手軽ですし、何より後から見てその確認ができるからです。まだまだ紙の文化が残る学校ですが、行事の準備に関してやりとりを少しずつペーパーレスにすることで、大きな時短効果があるでしょう。

エビデンスで業務精選

行事は学校全体で行われるものが多く、その精選には大きな労力が必要になります。一旦精選すればその後の負担が減ることはわかっていても、それ自体に大きな労力がかかるのです。そんなときに、そもそも行事の目的は何かを見直してみてはどうでしょう。世界にはWWCやキャンベル共同計画等、教育エビデンスを提供している機関があります。行事の目的を達成するために、エビデンスの視点から本当にこの仕事は必要なのか問うことで、行事効率化への糸口が見えるかもしれません。

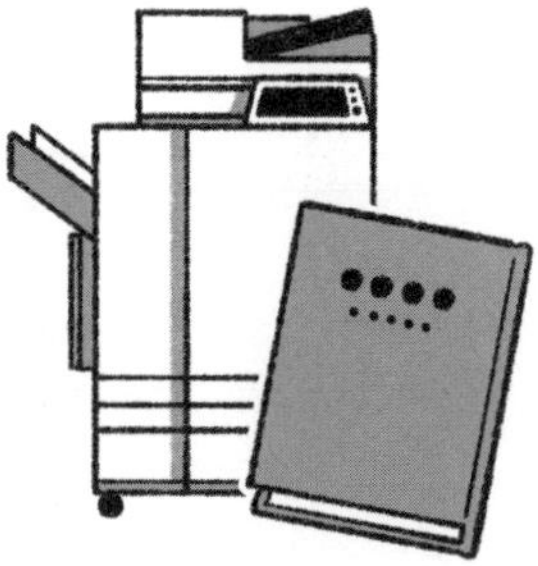

ペーパーレスを進めて，
紙の文化に対抗する

Check Point

☑資料をスキャンしてパソコンに保存する！

職員会議資料・学年部会資料等様々な資料をスキャンしておきます。

☑学校メールを使う！

PTA 行事の出席確認等，学校メールをフル活用して，行事の準備を時短しましょう。

☑Slack や LINE を使って連絡し合う学校も！

Slack 等のアプリは，職員間のコミュニケーションを助けてくれます。日々の様々な連絡を記録しておけるメリットがあります。

働き方の「心得」

学校行事はそのやり方も様々で，日本全国で環境も文化も違います。しかし，その時短・効率化のために大切なことは，やはり行事の目的を考えること，概要をしっかりと把握することの２点でしょう。例年やっているから…では行事の時短に結びつかないでしょうし，大まかな流れを把握していないと効率化できません。１年間の中で，先生が担当する行事のねらいや目的を明確にして，子どもにつけさせたい力を考えることが大切でしょう。その上で，時短・効率化できる部分はどんどん変えていって，先生方の業務負担を減らしてほしいと思います。

（江澤　隆輔）

知っておきたい制度

自分らしく仕事をしよう

教師の仕事は完全に男女平等です。性差に左右されず自分の生き方を決めていくことができます。女性の社会進出を支えるために、生理休暇や産休等があります。上手に利用してキャリアを重ねていきましょう。

病気がちで体が弱くても、子育てや介護があっても、教師の仕事が好きなら様々な制度を使って仕事を続けていくべきです。そのうち必ず状況は変わります。年齢や男女を問わず、今のあなただからできる子どもとの関わり方があるのです。

結婚が決まったら

結婚をして、パートナーと新しい生活を築くというのはとても素敵なことです。

例えば東京都では、結婚に関する慶弔休暇は、入籍の日の1週間前から入籍後6か月の間をスタートとして、7日間とることができます。

家庭生活を円滑にスタートするために、仕事のタイミングを見て、新居の準備や披露宴、新婚旅行等の時期を考えていきましょう。

自治体によっては、結婚祝い金等も出ることがありますから確認を。

妊娠から出産、育児の制度

妊娠、出産に関する休暇はたくさんあります。管理職や事務主事に確認しながら取得していきましょう。東京都では、産前6週間以上で、産後8週間以上、通算で16週間以内という形で、妊娠出産休暇をとれます。大抵はその後、子どもが3歳になるまでは、育児休業をとれるために、きりのよい4月に職場復帰を選ぶことが多くなります。母子手帳が交付されてから、妊婦通勤時間として勤務のはじめと終わりに計60分以内の軽減が可能になり、ラッシュを避けることができます。

ライフプランに伴う様々な制度

※東京都の例。自治体により異なる。

妊娠したら

・妊娠症状対応休暇（10日間）
・母子保健健診休暇（10回）
・早期流産休暇（７日間）

出産したら

・育児時間（子どもが１歳３か月になるまで，１日２回それぞれ45分以内）
・部分休業（育児休業をとらない場合，就学前まで，１日２時間以内）
・育児短時間勤務（希望する勤務形態で働ける，就学前まで）

・出産支援休暇（出産の直前から２週間の範囲内で２日間）
・育児参加休暇（出産の翌日から産後８週間以内で５日）
・子どもの看護休暇（年に５日）

Check Point

☑結婚したら事務処理を！

住居や旧姓の使用など，保険証，運転免許証，マイナンバーカード等，変更書類を速やかに作成します。

☑妊娠がわかったら通院する！

早めに通院して母子手帳を交付してもらいます。その時点から，産休に入る日を決めたり，妊婦通勤時間をとることができるようになります。

☑タイミングを考慮する！

子どもが３歳になる前の日まで育児時間がとれますが，次の子の予定や職場復帰のタイミング等を考慮します。

働き方の「心得」

教員の周りには様々な制度があります。なかなか全部を知っているという人は少ないことでしょう。そんなときに頼りになるのが事務主事です。急なお金が必要になったときの効果的な借り方や，事故やけがをしたときの保険の手続きなど何かよい方法はないかと相談をしてみましょう。

教員向けの保険や積み立てなども割がよいのでおすすめです。課税対象にならない積み立て等は，若いときから少しずつ給料天引きで進めておくと，思わぬときに役に立ちます。

休暇や助成金など，詳しい人もいますから情報を集めておきましょう。

（清水　弘美）

参考文献
・東京都教育庁人事部勤労課「学校職員のための勤務時間等の手引き」平成30年９月

産休・育休

産休・育休は恩送り

産休は新しい命と同時に、母体の命を守るための制度です。おめでたいこととは言っても、仕事の途中で休みに入るために多少は周りの人に負荷をかけることは避けられません。

しかし、お互いに仕事をフォローし合って次の命を生み出すのですから、堂々と生活して下さい。少しでも調子が悪いときは、遠慮なく休みましょう。そして、数年後、後輩が妊娠したときには気持ちよく休めるように、進んで仕事を引き受けて、自分が受けた恩を次の世代につないでいきましょう。

産休前にしておくこと

産休に入る日がわかったら、そこまでの準備を進めます。

まず、授業の準備です。週ごとの指導計画を丁寧に作成しておきます。それだけで自分自身も、いつ休みに入っても安心していられます。

次に、学級の引継ぎ資料を作成しておきます。年度途中から関わる、次の担任が子どもたちをすぐに理解できるようにするためです。特に配慮の必要な家庭と、特別な支援を要する子どもの対応方法等を引き継ぎましょう。アレルギーも記録しておきましょう。

一人で頑張らない

妊娠・出産は女性特有の仕事ではありますが、配偶者と協力し合って行うものです。育児休暇の取得は男性にも権利がありますから、どちらがどの程度とるかは、相談して決めましょう。

もちろん産休は母体保護のためですから、産休中は家事等も手伝ってもらいながら生活をします。

育休は子どものためですから、母親だけが休まなくても子どもが母乳を離れたら、配偶者も育児を経験することはこれからの時代当たり前です。

産休に入る前の心得

きれいな教室にして引き渡し

・机の中は空に
（まだ使える中古文房具は迷惑）
・子どものテストや作品は返却

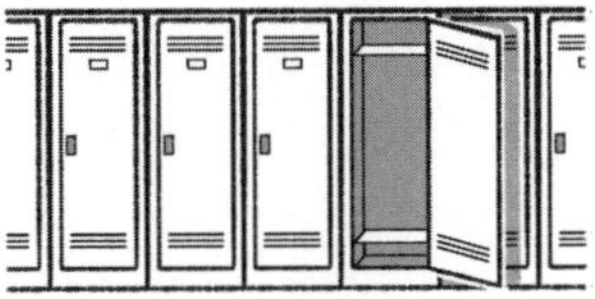

ロッカールームを空に
（上履き等も忘れずに）

いつでも連絡がとれるように

・所在地（実家の住所と移動月日）
・実家の電話番号と携帯電話
・メールに添付して，書類のやりとりができるパソコン環境の用意

職場とのコミュニケーション

・学校行事に出席
・卒業式等の電報
・異動する人へのお礼の手紙

Check Point

☑妊娠がわかったら少しでも早く管理職に伝える！

管理職は産休代替教員を手配することが必要になります。

☑管理職から発表になるまで，自分からは広めない！

妊娠は途中で流れることも考えられ，人事にも関係してくることです。管理職のタイミングを待ちましょう。

☑授業や片づけ等，計画的に準備を進めておく！

いつ休みをとることになっても，当面子どもたちに迷惑がかからぬように準備しておきます。

働き方の「心得」

産休に入ることで，遅れをとるのではないかという心配をする人がいます。バリバリ働いてキャリアを重ねていく同期の女性を見ながら，不安を抱いたり，自分は仕事よりも家庭を優先したのだから，教師の仕事で上を目指すのは無理などと諦めたりしがちです。

しかしそれはまったく違います。子育てを経験することは，教師にとって最高の研修です。自分の子どもがどれほどかわいいものなのか，他の子どもと違うことがどれほど不安なのかという親にしかわからない気持ちに共感できることは，子どもの見方に対して器の大きい教師の条件です。

（清水　弘美）

子育て

ライフプランをもつ

子育てができることは幸せなことです。人間の命をつくりだすのですから、何にもまして価値があります。教員は生活を充実する制度に恵まれていますから、しっかり活用して家庭をもち、子育てを楽しみながら仕事のキャリアを高めていきましょう。教員は学校経営や教育行政等、いくつかのコースに分かれています。ライフプランを立てて、自分自身の自己実現を子どもの成長と重ねないようにします。子どもはいつか手元を離れていきます。子育ては同時に自分育てなのです。

子どもファーストで

子育てをしながら仕事をする上で大事なのは、自分の計画通りには進まないのが当たり前と受けとめておくことです。子どもが熱を出すのは決まって親が忙しいときです。夫婦で支え合って、両親にもお願いして、近所の友達や保育園の子どもの友達のパパママ友などとも日頃から付き合っておくといいですね。

家が汚くても、出来合いのものを買ってきて食べてもいいのです。あるべき姿を追わないという割り切りが大事です。

仕事は計画的に

子育て中は突発的な子どもの病気等で休暇をとることが多くなります。パートナーと相談して負担の偏りがないようにしましょう。また、週ごとの指導計画をきちんと立てて、急な休暇でも何をすればよいかを明確にしておくと、当日他の先生方が何をするかがわかって助かります。

さらに保育園の行事は年間計画で決まっていますから、年の始めに計画休暇をとっておきます。自習監督をお願いするために時間割を調整しておけば、同僚に負担をかけずに済みます。

子育てと仕事の両立のコツ

朝は忙しい

・朝ご飯や，持ち物は前日に用意する。

・通勤に電車を使わないなら，保育園は職場のそばがよい。
・子どもの世話と家事を夫婦で分担する。

夜も忙しい

・洗濯は乾燥までやってくれる全自動に頼る。
・夕飯は土日につくりおき，メインはお惣菜を買ってくる。
・子どもが寝る前に，絵本の読み聞かせをするぐらいの特別な時間をつくる。

休日は近場で

・遠くに行くより，近くの公園で体を動かして遊ぶ。
・自然に触れる時間をつくる。

Check Point

☑悩みを相談できる人をもつ！

子育ては悩むことばかりです。ベテランママの友達がいると，心強く余裕がもてます。

☑配偶者との共同作業！

なぜか，子育ての話をすると喧嘩になることが増えます。きちんと話し合おうという約束を出産前からしておきましょう。

☑使えるものは，すべて使う！

仕事をしながらの子育てはとにかく忙しいです。お金で済むものは，頑張らずに使いましょう。大事なのは子どもとの時間です。

働き方の「心得」

教師は，大きく２つのタイプの親に分かれることが多い傾向が見られます。１つ目は，教育熱心な親です。小さいうちから習い事等に力を入れる親です。そしてもう１つは，忙しさに紛れて放任の親です。子どもの持ち物を準備しなかったり，生活習慣を整えなかったりする親です。どちらの親に育てられても，子どもは育ちます。

子どもの将来のための塾，子どもは自由に育てばいいという放置，本当に子どものためなのか，自分のためなのか時々振り返ってみて下さい。

親がニコニコしてそばにいることが，子どもにとって一番の幸せです。

（清水　弘美）

キャリアアップ

教師のキャリア

教師として、大切な業務は学級経営と学校運営です。この2つの力を磨くことがキャリアアップにつながります。

学級経営には、2つの力が必要です。1つ目は授業力です。各教科の基礎を身につけ、専門性を高めましょう。2つ目は生活指導の力です。道徳的価値観、基本的な生活習慣や自主性に及ぶまで、その対象は幅広いです。

学校運営では、今後、校務分掌の主担当を任される中で、円滑に学校が運営されるように働きかける力が求められます。

学級経営力を高める

学級経営力を高める手立てはいくつかあります。自治体にもよりますが、各教科の研究部があり、そこに所属し、教科の研究を進めるのも一つの道です。研究授業や実践発表をして実績を積むことができます。働きながら通える社会人大学院に進学することも一つです。現場で生じる課題について、理論をもとにして調査や実践を行い、その効果検証をします。大学院ではこういった研究を論文にすることで形ある実績となります。

学校運営力を高める

年数が経つと徐々に校務分掌の仕事を任されます。意欲的に取り組みましょう。そして、あらゆる主担の仕事をこなし、より学校運営に関わっていくことで功績を残すことができます。

学校運営についてより専門的に学ぶ手立てとして教職大学院があります。一般的な修士課程と違い、中核教員や管理職の養成を目指しており、より実践的な研究を行います。現場経験のある大学教員もおり、現場で生きる知識や技術を学ぶことができます。

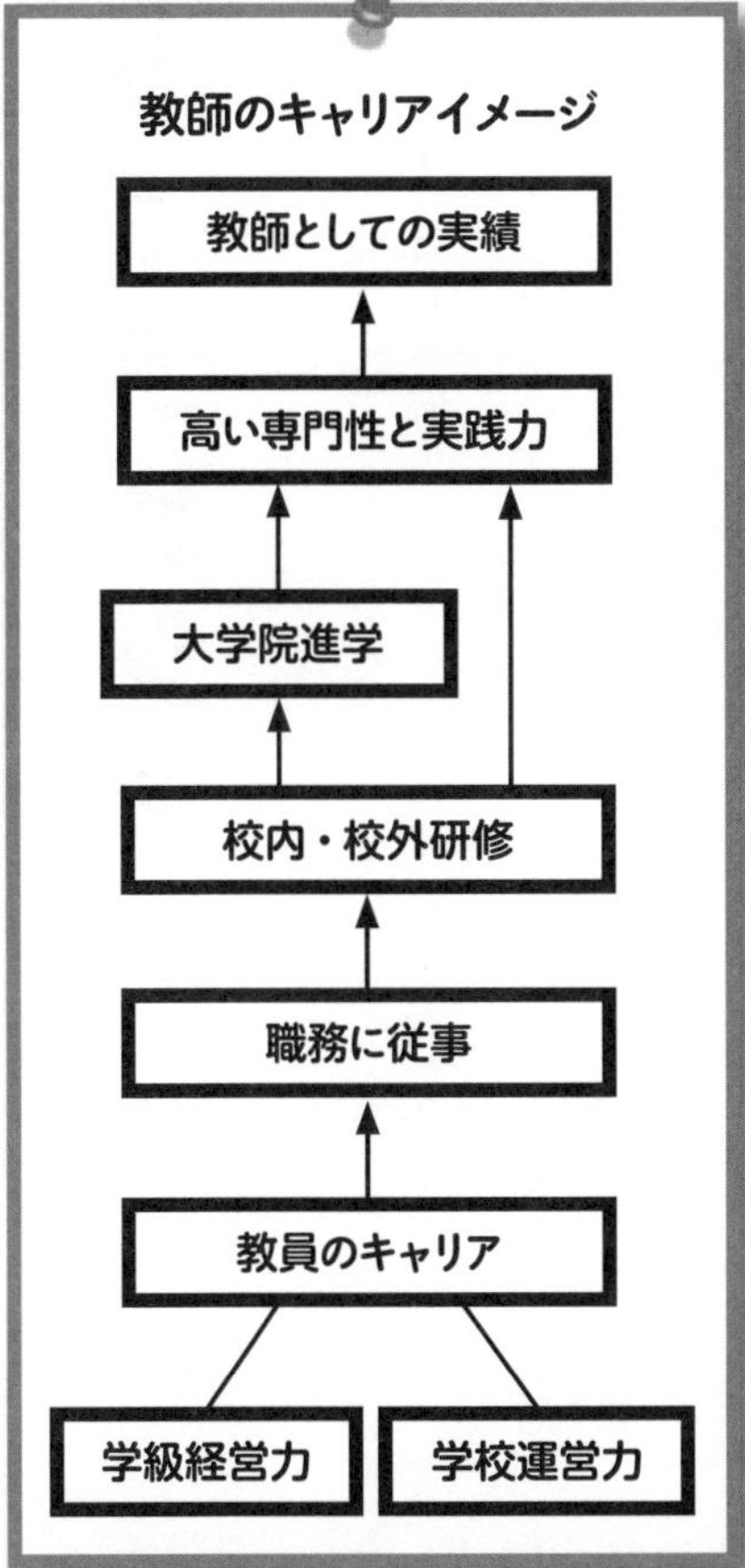

Check Point

☑教師のキャリア

教師のキャリアは学級経営力と学校運営力を高めることで形成されていきます。

☑学級経営力を高める！

まずは，学級経営や教科の基礎を身につけます。その後，専門的に学びたいことや教科の研究を進めましょう。

☑学校運営力を高める！

職場の校務分掌の仕事をこなしながら，学校運営の流れを把握しましょう。学校運営力をより磨くために，専門職大学院でのキャリアアップの道もあります。

働き方の「心得」

教師の仕事は，実績が形として残りにくい部分があります。日々の実践を研究会等で発表することや実践をまとめた教育論文を書いて投稿するという方法もあります。大学院に進学すれば，修士論文で自身の研究をまとめられます。学会発表や論文誌に投稿するなどの実績を残すことができます。「修士」の学位と専修免許状，コースによっては臨床心理士等の別の資格を得ることもできます。

日々の仕事をまっとうしながらも，形に残る実績を積み上げていくことはキャリアアップにつながる１つの道です。

（筆野　元）

ライフビジョン

人生100年時代

教師の定年は60歳ですが、その後再任用制度を使って勤務することができます。中には70歳近くになっても講師として働いている方もいます。どのように働きたいか、ビジョンをもち、日々を過ごしていく必要があります。

学級担任として生涯現役で頑張るのか、管理職の道に進むのか、専科指導のプロとして頑張るのか、教師を指導する立場になるのか、その道は様々です。長いように見えて、日々が忙しいので、時間は過ぎていきます。どのように歩むのかを計画的に考えましょう。

働きながら学ぶ

自分の描きたいキャリアを形成していくためには、職務に専念するだけではいささか物足りないです。働きながらも、教師としての専門性を高めるために、勉強会や研究会、海外研修、大学院進学等、手立ては様々あります。

1つ2つと専門をもつことで自分の強みが明確になります。日々の業務に携わる中で自分がより専門的に学びたいことは何かを考えましょう。その分野を効果的に学ぶことができる場所を見つけることができたら、思い切って飛び込みましょう。

ロールモデルを見つける

どのように、教師の道を進んでいくかを考えるためにもロールモデルとなる先輩教師や師匠を見つけることは大切です。もちろん、今後の教育界がどのような状況になるかは読めませんが、先輩たちの人生はあなたにとって大きな道しるべになるでしょう。

教師の仕事はどうしても人間関係が狭くなりがちです。多種多様な人と接することはよい刺激になります。「出会い」を大切にしながら、日々を過ごしましょう。

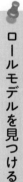

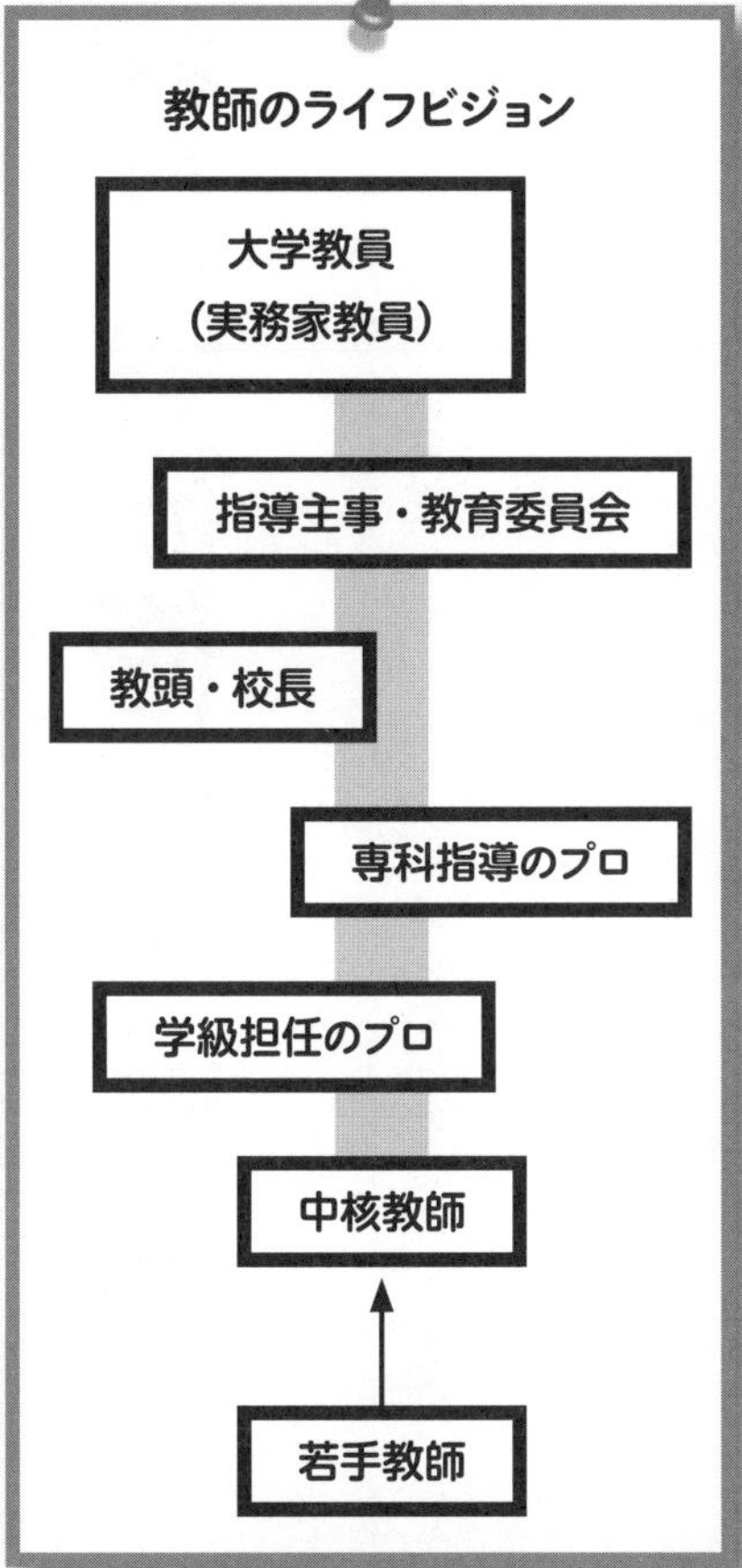

Check Point

☑長いけれど早い人生！

長いと思っていたら，あっと言う間に時間は過ぎます。自分自身がどう歩んでいきたいのかを要所要所で立ちどまり，考えましょう。

☑働きながら学ぶ！

まずは業務に慣れることが大切です。業務に慣れた頃から少しずつ専門性を高められるように行動していきましょう。

☑ロールモデルを見つける！

付き合いを続けることができる人は限られています。あなたにとってよい刺激を与えてくれる人を大切にしましょう。

働き方の「心得」

未来を読むことはできません。だからこそ，「選択肢を広くもつ」ことが大切です。例えば，大学院進学を選択したとします。専門性を高めることができますし，文章を書く力もつき，何より学位を取得することができます。管理職や教育委員会，大学教員への道も開けるかもしれません。幅広い選択肢がある方に意図的に進みたいですね。

取得したいもの，習得したい知識や技術が，長年生きるものであるかも考える必要があります。手当たり次第ではなく，「賢く学ぶ」ことを意識しましょう。

（筆野　元）

初任者研修への参加

初任者研修の重要性

言うまでもなく、初任者研修に真剣に参加することは非常に重要です。あなたが研修に出ている間、代理の先生があなたのクラスに入ってくださっていることでしょう。その先生は初任者を指導しながら、代理でクラスに入るのが仕事です。そのために雇われています。つまり、あなたが初任者研修に行くためだけに人一人が雇われ、そのためのお金も動いているのです。面倒だな、と愚痴る前にこんなことを思い出して下さい。

初任者研修に臨む姿勢

初任者研修では、班で授業や学級経営について議論したり、代表者が研究授業を行ったりします。それらに「積極的」な姿勢で臨むべきです。ここでいう「積極的」とは「議論の進行役を買って出る」「研究授業者に立候補する」など、自分から負担の大きい役割に挑戦することです。そうすることで、自分の力量を高めることができます。取り組んでいる最中は辛いこともあるかもしれませんが、後で振り返れば必ず自分のためになっています。

横のつながりをつくろう

初任者研修でできる同期の「横のつながり」を大切にしましょう。同じ年に同じ職業に就いたことも何かの縁です。これから数十年同じ教師として、同じ自治体で働いていく可能性のある仲間です。初任者研修を通して、語り合ったり、ともに行動したりする中で、日頃の職場での悩み等を相談できるような関係を築いていきましょう。ここで築いたつながりは初任の一年間だけでなく、その後も大きな支えになっていくはずです。

実りのある初任者研修にしよう！

積極的に取り組む

・協議の進行役
・研究授業者

力を入れてレポートを書く

・研修後のレポート
・研究授業後のレポート

Check Point

☑感謝の心をもって！

多くの支えがあってあなたは初任者研修に参加することができます。そのことを忘れないようにしましょう。

☑立候補する！

せっかく参加する（しなければならない）初任者研修です。自分から積極的に様々なことに立候補し，実りのあるものにしましょう。

☑同期との絆を深める！

初任者研修を通して，同期の方達との絆を深めましょう。この１年間を乗り越えていく上での大きな支えとなります。

働き方の「心得」

初任者研修では，班での議論や研究授業だけでなく，指導主事などによる講義もあります。そのような研修での学びも大切にしましょう。講義形式の研修は，演習形式の研修と比べて一見退屈に思うかもしれません。しかし，授業や学級経営等について指導主事などからじっくりお話を伺い，自分の考えを深められる非常に貴重な機会です。講義形式の研修では，「自分ならどうするか」「講義等の内容と比べて今の自分はどうか」などと，常に自分の考えをもちながら受けるようにしましょう。そうすることでより一層自分の考えを深めることができます。

（土居　正博）

セミナー・研究会への参加

積極的に参加しよう

日本では、教員向けのセミナーや各教科の研究会等が多く開催されています。志の高い教師はみな休日に身銭を切って学んでいるのです。初任者のうちから、そういう場に積極的に参加して学ぶ姿勢をもつようにしましょう。先輩等からセミナーや研究会に誘われた場合は、ぜひ参加してみましょう。また、インターネットやSNSで自分からセミナー・研究会の情報を検索して、申し込むという方法もあります。積極的に情報を集めましょう。

刺激や情報を得る

セミナーでは、講師の講演やワークショップを受けます。そこでは、次の日からの実践への「刺激」や次の日から使える指導法等の「情報」を得ることができます。セミナーの講師として登壇するような教師は必ず、大きな成果を出しています。そのような教師の実践を知って刺激を受け、「自分も明日からまた子どもたちと頑張ろう！」と決意できたり、「明日からこの指導法を使ってみよう」と新たな情報を得られたりするのがセミナーなのです。

発表の機会やつながりを得る

研究会では、各教科の指導法や学級づくり等、一定の領域に関して同じ興味関心をもつ教師が集まり、それぞれの実践を発表し合い、検討し合います。そのため、研究会に参加すると、自分自身の実践をまとめ「発表」する機会を得たり、同じ志をもつ教師たちと「つながり」を築いたりすることができます。話を聞くなど、どちらかというと受身の学びが多かったセミナーとはまた一味違った、自分主体の学びができる場です。

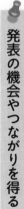

セミナー・研究会に参加しよう！

セミナーで得られるもの

・日々の実践への刺激，活力
・指導法等に関する新たな情報

研究会で得られるもの

・自分の実践をまとめ，発表する機会
・同じ志をもつ教師とのつながり

Check Point

☑情報に敏感になる！

志の高い教師は積極的に学んでいます。セミナーや研究会の情報をたくさん得られるようにアンテナを張りましょう。

☑セミナーで学ぶ！

セミナーで講師の話を聞き，自分の実践への活力を得たり，有効な指導法を知ったりしましょう。

☑研究会で学ぶ！

研究会で自分の実践を発表する機会を得たり，志の高い教師とつながったりして，自分の力量を高めていきましょう。

働き方の「心得」

セミナーや研究会に参加することは，初任者にはハードルの高いことかもしれません。毎日の授業，学級経営，事務仕事で精一杯。その上に休日にわざわざ自分の時間とお金を使って学びに行くなんて…と思う人も多いことでしょう。日々の疲弊感からそのように思ってしまう気持ちもよくわかります。しかし，むしろそのような疲弊感から抜け出すために，学ぶことは重要なのです。学ぶことで自分自身の力量を高め，子どもを伸ばすことができるようになります。すると疲弊感が達成感に変わり，充実した教師生活を送れるようになるのです。

（土居　正博）

読書

読書はよい教師の絶対条件

力量の高い教師で、読書をしていない教師はいません。子どもに指導する立場にありながら、自分自身が本を読まないというのでは、子どもの力を伸ばせるはずがありません。何も武器を持たずに戦場に立つようなものです。とにかく時間が空いていれば本を読むクセをつけましょう。すぐに効果が出なくても、数年後、十年後には大きな差として表れます。様々な本がありますが、本項では教育に関する本、「教育書」の読み方について述べます。

実践書を読もう

「実践書」とは現場教師が書いた本のことです。現場教師が開発した教科の指導法や考え方、学級づくりの手法や考え方が書かれている本です。初任者はまずこの「実践書」を多く読むようにしましょう。現場に出て間もない初任者にとって、このような現場ですぐ使える具体的な情報こそ重要だからです。授業のつくり方、発問の仕方、学級の当番や係のシステムのつくり方等、具体的な方法についてたくさん実践書から学んで教室で生かしましょう。

理論書にも挑戦しよう

「理論書」とは、現場教師が書いた「実践書」と違い、大学教授等研究者が書いた本のことです。「理論書」では、現場ですぐ使える方法は学べませんが、自分が採用している指導法の裏づけとなる理論を学べたり、指導法を選択する際の拠り所となる考え方を学べたりします。なかなか「明日すぐ使える」ことは学べませんが、自分自身の実践を高めていく上で必須です。初任者はすぐには手が出せないかもしれませんが、機を見て挑戦しましょう。

読書を通じた
力量アップの秘訣！

実践書からの学びを生かす！

・とにかくやってみる！

・うまくいったこと，うまくいかなかったことを分析しよう。
・子どもの実態に応じてアレンジする。

理論書からの学びを生かす！

・自分の実践の裏づけに。
・関心のある領域を深める。
・新しい実践を創る際の拠り所に。

Check Point

☑とにかく読む！

自分の力量を高めたければ，とにかく本を読むクセをつけましょう。教育書は教師の「武器」です。

☑実践書を読む！

初任者は，まず現場教師が書いた実践書を読みましょう。そして，それを教室で実践してみましょう。

☑理論書にも挑戦する！

余裕が出てきたら，研究者の書いた理論書にも挑戦しましょう。今すぐ役に立たなくとも，必ず後で効果が出てきます。

働き方の「心得」

本項では読書に関する考え方，方法について紹介しました。初任者にとって，初めての授業や学級経営に手一杯で，なかなか読書する暇がないかもしれません。しかし，少しでもいいから読むようにしていきましょう。そこでおすすめなのは，「習慣づける」ことです。通勤時に電車に乗ったら必ず本を開く，眠る前は必ず本を読むようにする，など読書を自分の生活の一部にしてしまうのです。そういった生活を１～３ヶ月ほど続ければ，何の苦もなく本を読めるようになっているはずです。このように，工夫をして少しでも本を読むようにしていきましょう。

（土居　正博）

SNSの活用

賢者を、より賢者に

パソコンやタブレット、スマホ等、現代には多くの便利なものがあります。このような便利なものは「賢者を、より賢者に。愚者を、より愚者にする」と言われることがあります。

SNSはその最たるものです。現代を生きる子どもたちがそれを飼いならすことは重要なタスクですが、言うほど簡単なことではありません。

教師自身がSNSに溺れず有効活用し、日々を豊かにしていく手本を示すことが求められる時代は、すぐそこに迫っていると考えます。

SNSのメリット

SNSのメリットは気軽にインプットできることです。先輩から見よう見まねで学んでいたこと、本や研修会で得ていた知識を、無料で簡単に得ることができる可能性が高いです。その内容は、タイムリーなものが多いです。

また、一番のメリットはアウトプットできることだと考えています。技術の習得の完成期には、インプット以上にアウトプットが重要になります。

さらには、全国の先生や有名な方ともつながることができ、勤務校内に留まらない仲間をつくることができます。

SNSのデメリット

教員がSNSを使う上で一番気をつけなければならないのは、拡散力の強さです。わかりづらい表現や言葉足らずであったばかりに、真意が伝わらなかったり、時には大きな問題になってしまったりすることがあります。まずは匿名にするなど、身元が特定されないように始めることが無難です。

また、触れたくないようなネガティブな情報には、ブロックやミュートといった機能を上手に使いたいものです。

快適に使っている場合でも、依存していないか気をつけたいです。

おすすめのSNSは，Twitterです。ユーザーは国内4500万人以上で，多くの情報が溢れるツールです。時事的な話題のインプットにも最適で，情報が早いのが特徴です。

また，「140文字」と文字制限があることが大きなメリットです。発信する際には一度知識を体系化し，まとめる必要があり，良質なアウトプットが実現できます。

操作も簡単で，フォロー，返信，DM等の機能で手軽に全国の先生とつながることができます。

Check Point

☑SNSに溺れず，飼いならす！

便利なものは「賢者をより，賢者に。愚者を，より愚者に」。SNSは，その最たるもの。

☑SNSのメリット

気軽にインプットできること。

アウトプットできることで，インプットした知識や技術が，より強固になります。

多くの先生とつながることができます。

☑SNSのデメリット

匿名で行うことが無難。

触れたくない情報はブロックorミュート。

依存に注意。

働き方の「心得」

ハーバード大学のショーン・エイカーは「やめたいと思っている習慣は20秒以上かかるようにすることで手を出しづらくなる」という研究結果を発表しています。SNSであれば，スマホの通知を切り，アプリのスタートアイコンを最終ページのフォルダの奥に入れるなどの工夫が有効です。同じように保護者から「ゲームをやめさせたい」という相談が寄せられた際には，「コードをいちいちしまう約束をさせる」などが有効であることを伝えています。逆に習慣化したいものについては，20秒以内でアクセスできる環境を整えておくことが重要です。

（熱海　康太）

参考文献
・ショーン・エイカー『幸福優位7つの法則』徳間書店

授業につかれたときのストレスマネジメント

授業が楽しくない？

仕事に追われる中、「授業だけが憩いのとき」というベテラン教師は多いものです。しかし、教職1年目では、話は別。初めての経験ばかりの教員生活で、準備の時間もままならず、一人で進めなければならない授業の場は、プレッシャーを感じがち。子どもの反応が乏しければ子どもたちの心をつかんでいるか不安になり、ルールを乱す子どもがいれば叱り方に悩む。子どもたちとの関係によっては、授業はお互いに苦行になってしまいます。授業公開ともなれば、緊張感もひとしおです。

体のつかれをためない

授業はリズムが大事。そのためには、体の活力が必要です。「早寝早起き朝ごはん」を自分も実践しましょう。出勤前や授業前にお腹の調子が悪くなる人は、過敏性腸症候群の可能性があります。その場合は症状を抑える薬がありますので、薬局や病院で相談してみて下さい。また、疲労回復には睡眠が一番。夜のカフェインや寝酒、寝る前のスマホやパソコン、激しい運動は控えましょう。寝具も重要です。骨格に合う高さの枕を選び、体をしっかり支える布団を使いましょう。

心のつかれを癒す

つかれない授業は、教える側が面白さを感じることから始まります。授業準備を通じて、学ぶ楽しさを味わいましょう。そんな時間も元気もない場合、すでに心が硬くなっています。心の中の、「こうあるべき」を捨ててみましょう。「あるべき」教師としての自分や授業、学級等の理想が現実と違ったら、「あるべき」を「〜に越したことはない」に置き換えます。すると、心にゆとり、つまり「遊び」が生まれます。授業の悩みで頭がいっぱいな場合は、あえて気分転換を図りましょう。

授業でつかれないため，つかれたときのためのマネジメント

準備のとき

・あらかじめ，準備にかけられる時間を見積もる。

・時間があれば，楽しめる工夫を，なければ最低限のポイントを押さえる。

・楽しく授業しているところを想像する。

授業中

・子どもの反応を見て，気持ちを読み取りながら，盛り上げる。

・メリハリをつける。

気分転換におすすめ

・教科とまったく関係ない趣味，自分が教わる趣味をもつ。

・落語，漫才等プロの話術に触れる。

Check Point

☑やわらかアタマをキープ！

教える内容に，興味をもてていますか？　決まりきった内容なら，楽しく取り組める演出がカギ。子どもと一緒に楽しみましょう。

☑先輩の知恵を活用する！

困ったとき，あなたが黙っていると，先輩は困っているのかどうかわかりません。思い切ってヘルプを！

☑煮つまったときは！

準備に手が回らない，授業がスムーズに行かない，…などつかれきったときは，頑張りすぎないように。

働き方の「心得」

教師としての仕事の要である授業がうまくいかないと，教職１年目の教師にとっては，自分が教職を選んで本当によかったのかどうか，と悩むきっかけになります。中には辞めてしまう人もいます。

若手教師の授業に関する悩みには，教える内容に自信がもてない，授業中の子どもとの関係がうまくいかない，などが多く，経験とともに自然に解決するものもあります。うまくいかないときには，理想と現実とのギャップを気に病まないこと，スモールステップで取り組むこと，行き詰まりを感じたら先輩や上司に相談することが大切です。

（真金　薫子）

子ども・保護者対応につかれたときのストレスマネジメント

職場に行けない理由の4割

精神疾患で病院にかかった教員の調査では、ストレスの4割が、子どもや保護者対応の悩みでした。子どもに関わる悩みは、仕事そのものなので逃げ場がありません。また、保護者の考えを尊重した対応が求められることも多く、多様な保護者の要望に対処しきれず、保護者会を終えたとたんどっとつかれが出ることもあります。経験豊富なベテラン教師でも苦労することがあります。経験不足をカバーするには熱意と努力が必要ですが、一所懸命すぎると逆に子どもの心が離れることも。

職員室での支え合いが大切

もし同じ職場に何でも相談できる先輩や同僚がいたら、とてもラッキー。困ったとき、悩んだとき、一番の支えになります。まず、周りを見渡してみましょう。でも、学生ノリのまま軽い態度で先輩教師に接しては、相手に引かれてしまいます。社会人1年目の自分の立場を踏まえ、先輩教師には、学ぶ姿勢と丁寧な言動を心がけましょう。もし同期がいれば、心強い反面、相手の仕事ぶりと自分を比較して気に病むことがあります。個性も強みも人それぞれ。比べないようにしましょう。

相談機関の活用も

職場で心おきなく相談できる人がいない、問題が解決せず出口が見えない、朝学校に行くのがつらい、休日も楽しめなくなってきた、…等々、悩みが募ってきたら、相談機関に行くタイミングかもしれません。公立学校では、自治体ごとに相談制度が設けられ、年数回利用できます。私学では、学校毎に異なりますが、産業医等のスタッフによる専門相談が設けられているところもあります。在勤・在住の地域保健所でも、治療の必要性の有無等の相談に乗ってくれます。

子ども・保護者対応で つかれないために

なんでこんなことをするの？

・いろんな子がいる。自分の中の「子ども像」と違う子どももいると認識。

叱るのは，経験で楽に

・怒ってしまうと逆効果。
・一所懸命すぎると空回り。
・自分なりの甘辛バランスを。

1年目はまだ年齢的に若いからこそ，子どもの気持ちがわかる！

・若さや経験不足への保護者の不安は，明るくかわす。

Check Point

☑みんな悩む！

子ども・保護者対応をめぐる悩みは，実はとても多いのです。「私だけが」という思いは捨てましょう。

☑自分を責めない！

できない自分を責めても，さらにつかれるだけ。反省はしても，後悔や自分を責めることはやめましょう。

☑一人で抱えない！

一人で抱えると，悩みは大きく膨らみ，しまいに押しつぶされてしまいます。先輩や上司，時には専門機関等にも相談しましょう。

働き方の「心得」

教職に就いてみて，「想像以上に対人関係が大きなウエイトを占める仕事」との感想をもつ人が，少なくありません。その点，人間関係が苦手な人にはやや不向きな職業と言えるでしょう。特に，子どもの年齢が低いほど，その傾向が強まるようです。しかし，向き不向きだけでもありません。人間関係が苦手でない人やベテラン教師でも，状況次第では大きな悩みを抱えることがあります。誰しも，他人ごとではないのです。

子ども・保護者対応で悩んだら，一人で抱えず先輩や上司に相談しましょう。もし心身の不調を感じたら，迷わず相談や治療を受けましょう。

（真金　薫子）

参考文献
・日本学校メンタルヘルス学会編『学校メンタルヘルスハンドブック』大修館書店

職場の人間関係につかれたときのストレスマネジメント

ひそかに多い悩み

圧倒的に長い時間を過ごす職場での人間関係が心に与える影響は、かなり大きなものです。病院にかかった教員の4人に1人以上は、メインの悩みが職場の人間関係でした。子どもとの関係に悩みつつ職場でも孤立している、という人も加えると、さらに増えます。先輩の言動がプレッシャーで体に症状が出るようになった人、子どもや保護者とのトラブル続きの後、管理職の一言がきっかけで学校に行けなくなった人もいます。1年目は指導教官との関係も大きく影響します。

プライベートタイムの充実

プライベートでの人間関係が良好だと、それが救いになることがあります。友人、家族等、教師としての自分以外の面をさらけ出せる人たちと、リラックスした時間を共有すると、職場でのつかれが癒されます。自分をよく知る人たちに悩みを相談したら同じアドバイスばかり、というときは、的を射ていることが多く、参考になります。また、誰かと一緒に行う趣味は、趣味そのものによる気分転換と同時に、仕事上の評価と関係ない仲間との人間関係が充実するので、一石二鳥です。

セルフケア

一つの悩みがいつも頭から離れない状態が続くと、心のバランスが崩れてしまいます。そうならないために、セルフケアが重要です。気持ちの切り替え上手になりましょう。時間がとれれば、スポーツや楽器演奏、絵画や陶芸等仕事とまったく無関係な活動や、小旅行、海や山等の自然に触れる余暇活動でリフレッシュするのもおすすめです。大がかりなことでなくてもよいのです。活動に集中することがポイントです。その後、仕事に戻るときは新鮮な気持ちで臨みましょう。

こじれるとやっかいな，職場の人間関係

初めが肝心

・あいさつはきちんと。言葉遣いも丁寧に。

・質問は，「今，よろしいですか？」と一声かけて。

・見た目も大事。TPO に合った服装を。

苦手な先輩・上司がいる

・言われたことのポイントだけを心にとどめる。

・なるべく距離を置く。

・どこの職場でも自分と合わない人はいる，と割り切る。

もう無理！　なとき

・同じように悩んでいる人，相談できる人を探す。

・上司に話し，配慮を求める。

Check Point

☑人は人，自分は自分！

あの先生はあんなにできる，この先生も…，と比べていると，必ず落ち込みます。比べるなら，過去の自分にしましょう。

☑相性の合う人探し！

人間同士，相性もあります。職場のどこかに，気の合う人がいるかもしれません。職員室とは限りません。

☑ストレスが重なった！

複数のストレスが重なると，不調に陥りやすくなります。心身のコンディションに気をつけて。

働き方の「心得」

職員室の居心地は，仕事上受ける様々なストレスが軽くなるか重くなるかのキーポイント。もし，職場の人間関係があまりよくない場合，メンタル不調に陥るリスクが高まります。「仕事は大変，その上職場の人間関係も悩み」，という場合はストレスをためないよう，マネジメントに気を配りましょう。外部の人間関係が救いになることもあるので，各種相談の利用もおすすめです。そして，眠れない，眠ってもすぐ目が覚める，食欲が減った，何をしても楽しめない，などの変調が２週間以上続く場合は，心療内科や精神科等の医療機関を受診して下さい。

（真金　薫子）

参考文献
・日本学校メンタルヘルス学会編『学校メンタルヘルスハンドブック』大修館書店

執筆者紹介（執筆順）

川邉あい華（千葉県袖ケ浦市立長浦小学校）
松尾　英明（千葉大学教育学部附属小学校）
尾形　美海（東京都北区立谷端小学校）
村上　仁志（大阪市立みどり小学校）
鈴木　夏來（神奈川県立総合教育センター）
山中　伸之（栃木県小山市立大谷東小学校）
樋口　綾香（大阪府池田市立神田小学校）
近藤　佳織（新潟県小千谷市立総合支援学校）
深見　太一（愛知県豊田市立西保見小学校）
藤原　友和（北海道函館市立万年橋小学校）
多田　幸城（千葉市立花園小学校）
鈴木　優太（宮城県公立小学校）
日野　英之（大阪府箕面市教育委員会）
藤本　浩行（山口県周南市立秋月小学校）
藤木美智代（千葉県船橋市立法典東小学校）
佐藤　正寿（東北学院大学）
熱海　康太（桐蔭学園小学部）
江澤　隆輔（福井県坂井市立春江東小学校）
清水　弘美（東京都八王子市立浅川小学校）
筆野　　元（大阪府堺市立中百舌鳥小学校）
土居　正博（神奈川県川崎市公立小学校）
真金　薫子（東京都教職員互助会三楽病院）

【編者紹介】
教師の働き方研究会

〔本文イラスト〕いたのなつみ

教職1年目の働き方大全

2020年3月初版第1刷刊 ©編　者　教師の働き方研究会
2022年4月初版第5刷刊 発行者　藤　原　光　政
発行所　明治図書出版株式会社
http://www.meijitosho.co.jp
(企画・校正)茅野現・赤木恭平・小松由梨香
〒114-0023　東京都北区滝野川7-46-1
振替00160-5-151318　電話03(5907)6701
ご注文窓口　電話03(5907)6668

＊検印省略　組版所　長野印刷商工株式会社

Printed in Japan　ISBN978-4-18-331017-0

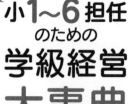

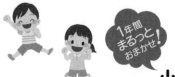

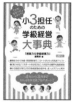

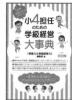

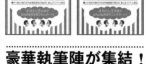